国家哲学社会科学基金资助（07CJY042）
大北农教育基金资助项目（2413002）

FTA背景下中国与潜在自由贸易伙伴国家间农产品贸易关系

司伟 ◆ 著

经济管理出版社
ECONOMY & MANAGEMENT PUBLISHING HOUSE

图书在版编目（CIP）数据

FTA背景下中国与潜在自由贸易伙伴国家间农产品贸易关系/司伟著 . —北京：经济管理出版社，2017.5

ISBN 978-7-5096-5320-3

Ⅰ.①F… Ⅱ.①司… Ⅲ.①农产品贸易—国际贸易—研究—中国 Ⅳ.①F752.652

中国版本图书馆CIP数据核字（2017）第209262号

组稿编辑：曹　靖
责任编辑：杜　菲
责任印制：黄章平
责任校对：雨　千

出版发行：经济管理出版社
　　　　　（北京市海淀区北蜂窝8号中雅大厦A座11层　100038）
网　　址：www.E-mp.com.cn
电　　话：（010）51915602
印　　刷：北京玺诚印务有限公司
经　　销：新华书店
开　　本：720mm×1000mm/16
印　　张：10.75
字　　数：187千字
版　　次：2017年11月第1版　2017年11月第1次印刷
书　　号：ISBN 978-7-5096-5320-3
定　　价：68.00元

·版权所有　翻印必究·

凡购本社图书，如有印装错误，由本社读者服务部负责调换。
联系地址：北京阜外月坛北小街2号
电话：（010）68022974　邮编：100836

前　　言

尽管 WTO 依然是国际贸易的主要制度安排,但世界各国都尝试利用区域贸易协定来达到其贸易或非贸易目的,区域贸易协定在当今全球化过程中扮演着越来越重要的角色。区域贸易谈判中,农业问题的谈判是一个至关重要且敏感的领域。

中国区域经济合作发展快,农产品市场开放度高,食物需求结构变化对中国农业的影响正不断深化。为了准确捕捉中国农产品在潜在贸易协定伙伴国家市场上的机会,深刻理解中国与潜在自由贸易伙伴间农产品贸易模式及背后的推动力量,本书首先分析了全球区域贸易协定的演进与发展趋势;其次梳理了双边农产品贸易经验研究中常用的各种指数分析工具的优点、存在的缺陷和这些指数间的逻辑关系;最后运用联合国商品贸易数据库的数据,在较细分的水平上刻画了中国和重要的潜在自由贸易伙伴国家间的农产品贸易趋势、竞争性及互补性,并讨论了中国与这些国家签署自由贸易协定对中国农业资源配置和农产品贸易的可能影响。研究结论如下:

虽然区域贸易协定越来越巨型化,但是双边自由贸易协定仍然是区域贸易协定的主要类型。政策调整成本小,协定磋商和执行时间灵活,这些都是双边自由贸易协定快速增加的原因。除经济上的原因外,政治和安全因素也是重要的考量,后一种情况在亚太地区尤为明显。

区域贸易主义争论的焦点是区别对待和潜在的贸易转向效应,这两点都对贸易体制有重要的政策含义。随着区域贸易协定规模不断扩大,涌现了许多双边自由贸易协定前期可行性研究及事后评价的经验研究文献。从研究方法上看,这些文献依然采用的是 Balassa(1965)提出的显示性比较优势(RCA)指数及在 RCA 方法基础上的各种变换、改进或修订的方法。

Balassa（1965）的显示性比较优势指数的缺陷是指数值分布的非对称性，而这使得很难对指数值进行解释和比较。由于不正确的区域加总或产业部门加总造成的贸易不平衡，Grubel 和 Lloyd（1975）的产业内贸易指数总是不能被正确地使用。Brown（1947）的贸易集中度指数有取值范围可变性、非对称性与符号一致性三方面的缺陷，这些缺陷制约了贸易集中度指数的解释和应用。实证研究中，有两种测算贸易互补性的指数方法，基于显示性比较优势理论的 Drysdale 指数有较强的理论基础，更适用于度量两个国家出口和进口模式的匹配性；而 Drysdale 方法有多种表现形式，但其本质相同。

澳大利亚、印度、巴西、日本与韩国是中国潜在的自由贸易伙伴国。澳大利亚是中国重要的农产品进口来源国。中国与澳大利亚农产品贸易总体呈快速上升趋势，但不稳定，产业内贸易水平不高。两国农产品贸易有很强的互补性。中澳两国农产品贸易有很大的提升空间，但这种贸易空间的提升可能是不平衡的。

中国与印度、巴西这两个国家之间的农产品贸易有共通点。中国与这两个国家之间的农产品贸易基于各自的要素禀赋且主要为产业间贸易。印度和巴西向中国出口农产品的互补性明显大于中国向印度和巴西出口农产品的互补性。中国和印度的双边贸易不稳定且不平衡，中国是贸易逆差国；中国和巴西之间的农产品贸易也以中国进口为主，巴西有巨额的贸易顺差且顺差呈增长趋势。

进口需求效应是中国向日本和韩国农产品出口增长的主导力量，然而，中国加入 WTO 以后，出口竞争力效应对中国向日韩两国农产品出口贸易增长的拉动作用明显增强。与中国向日本出口农产品比较，中国向韩国的农产品出口对进口需求效应的变化比较敏感。出口结构效应是制约中国向日本和韩国农产品出口贸易增长的原因。进口需求效应一直是拉动日本向中国出口农产品的主要因素，随着时间的推移，韩国向中国出口农产品的主导效应已由竞争力效应转变为进口需求效应。

目　　录

第一章　绪论 ·· 1

　　一、研究意义及研究现状 ·· 1
　　二、研究目标与基本思路 ·· 4
　　三、研究内容和研究方法 ·· 5
　　四、重点、难点及创新之处 ··· 10

第二章　区域自由贸易协定的演进与发展 ··································· 11

　　一、引言 ··· 11
　　二、自由贸易协定与区域贸易协定 ····································· 12
　　三、区域贸易协定的结构与分布 ·· 15
　　四、区域贸易协定的发展趋势 ··· 16
　　五、区域贸易协定快速增加的原因 ····································· 18
　　六、本章小结 ·· 19

第三章　自由贸易协定签订的依据：方法论角度的评述 ················ 21

　　一、引言 ··· 21
　　二、双边贸易的基础——理论分析 ····································· 22
　　三、双边贸易研究方法与评述 ··· 25
　　四、研究结论 ·· 60

第四章 中国和澳大利亚农产品贸易关系 ………………… 62
一、引言 …………………………………………………… 62
二、中国和澳大利亚农产品贸易动态 ……………………… 63
三、中国和澳大利亚农产品贸易的互补性 ………………… 72
四、研究结论 ……………………………………………… 76

第五章 中国与印度农产品贸易关系 ……………………… 78
一、引言 …………………………………………………… 78
二、中国和印度农产品贸易动态 …………………………… 80
三、中国和印度农产品贸易的互补性 ……………………… 90
四、研究结论与讨论 ………………………………………… 94

第六章 中国与巴西农产品贸易关系 ……………………… 96
一、引言 …………………………………………………… 96
二、中国和巴西农产品贸易动态 …………………………… 98
三、中国和巴西农产品贸易的互补性 ……………………… 107
四、研究结论与讨论 ………………………………………… 111

第七章 中日韩农产品贸易关系与影响因素 ……………… 113
一、引言 …………………………………………………… 113
二、中日韩农产品贸易的总体特征 ………………………… 115
三、恒定市场份额模型 ……………………………………… 122
四、实证研究结果与分析 …………………………………… 125
五、研究结论与讨论 ………………………………………… 128

第八章 研究结论与讨论 …………………………………… 131
一、区域贸易协定快速增加的原因及趋势 ………………… 131
二、双边贸易的理论基础及争议焦点 ……………………… 132

三、贸易协定签订依据的研究方法 …………………………………… 133
四、中国与潜在双边贸易协定国家间的农产品贸易关系 …………… 138
五、讨论 ………………………………………………………………… 142

附　录 ……………………………………………………………………… 144

参考文献 …………………………………………………………………… 145

后　记 ……………………………………………………………………… 161

第一章 绪 论

一、研究意义及研究现状

(一) 研究意义

区域贸易协定（Regional Trade Agreements, RTAs）在当今的全球化过程中扮演着越来越重要的角色。据估计，当前一半以上的贸易是在区域贸易协定下进行的。特别是在世界贸易组织（World Trade Organizaiton, WTO）框架下的多边贸易谈判举步维艰的时候，那些出于各种原因渴望贸易自由化的国家，对签署区域贸易协定或双边贸易协定（Bilateral Trade Agreements, BTAs）的兴趣更浓厚。所有WTO成员中，除蒙古一个国家没有签署自由贸易协定外，几乎所有WTO成员都参加了一个或多个自由贸易协定。1995年至今，区域自由贸易协定以平均每年15.1%的速度递增。单就2004年1月到2005年2月，WTO通报了43个区域贸易协定，这也是有记录以来，区域贸易协定增长最快的时期（Crawford & Fiorentino, 2005）。截至2013年1月15日，WTO共通报了546个区域贸易协定。

从正在执行的区域贸易协定类别看，自由贸易协定（Free Trade Agreements, FTAs）是主要类型，其数量正快速增加。WTO通报的260个正在执行的区域贸易协定成员中，220个是自由贸易协定，约占正在执行的区域贸易协定的84.6%（2013年11月数据）。很多国家选择构建两个国家间的双边自由贸易协定，这是区域贸易协定的一种较简单的形式。双边自由贸易协定占WTO通报的正在执行的区域贸易协定的75%，正在磋商的区域贸易协定中，有90%是双边自由贸易协定。随着世界经济一体化程度提高，今后签署自由贸易协定的国家势必越来越多。

虽然中国的区域经济合作发展起步较晚，但步伐很快。中国在加入WTO后，正积极构筑东南亚（东盟）、东北亚（日、韩）、中亚（上海合作组织）和南亚（印度）自由贸易格局。在美洲，中国与智利于2005年签署了自由贸易协定；在亚洲，中国与巴基斯坦于2006年末签署了自由贸易协定；在大洋洲，中国与新西兰于2008年签署了自由贸易协定，与澳大利亚的FTA谈判也在进行。① 此外，中国正积极探索与海湾合作委员会（GCC）、南部非洲关税同盟（SACU）以及包括巴西、阿根廷、乌拉圭、巴拉圭等国在内的南方共同市场FTA的谈判。在FTA谈判中，农业问题的谈判是一个至关重要和敏感的领域，从某种程度上说，农业问题谈判的成功与否关系着FTA谈判的成败。

中国是世界重要农产品贸易大国之一，作为新兴经济体，中国正逐步走向世界，中国农产品贸易发展对中国农业乃至整个国民经济发展都产生深远影响。随着中国经济快速增长、居民收入水平和城市化水平的不断提高，中国对于农产品需求——无论数量还是质量都会不断增加。但受资源禀赋及农业生态环境制约，中国国内农产品生产将不能完全满足居民日益提升的需求，农产品进口会显著增加。从出口贸易看，中国在蔬菜、花卉等经济作物和某些畜产品的生产上具有明显的比较优势，但是，受各种贸易和非贸易壁垒影响，出口市场很不稳定，这对从事相关农产品生产的农户收入产生了很大冲击，如中国和日本在2001年的蔬菜贸易战，中国农产品亟须相对稳健的国际市场。巴西、印度、澳大利亚、日本和韩国等国家是当今全球重要的农产品贸易大国，中国很需要、也最有可能与这些国家谈判或签署FTA，本书称这些国家为中国潜在自由贸易伙伴国，一旦和这些国家签署自由贸易协定，将会对中国农业资源配置和农产品贸易产生很大影响。

为了准确捕捉中国农产品在潜在FTA国家市场上的机会，深刻理解中国与潜在FTA伙伴间农产品贸易模式及背后的推动力量，尽可能减少FTA对中国经济的负面影响，很有必要深入研究中国与部分重要的潜在FTA伙伴国家之间的

---

① 中国和澳大利亚已于2015年6月正式签署了自由贸易协定。笔者从事这项研究时，中国与澳大利亚的自由贸易协定谈判刚起步。

农产品贸易结构与特征,以了解双边农产品的贸易趋势、生产定位及贸易的竞争性和互补性,并有助于研判签署双边贸易协定可能对中国农业资源配置和农产品贸易带来的冲击。

(二) 研究现状

全球自由贸易协定快速增加激发了学界分析 FTAs 的动机、效应及对多边贸易体制的影响。国内外学者对中国建立 FTAs 的必要性和战略意义做了很多研究(刘昌黎,2005;Song & Yuan,2012),但是,已有文献对中国与潜在缔结 FTA 的农产品贸易大国——巴西、印度和澳大利亚等国之间的农产品贸易关系,特别是一旦与这些国家签署自由贸易协定,可能对中国农业部门和农产品贸易带来冲击方面的研究不足。比如,中国商务部和澳大利亚对外贸易事务部 2005 年 3 月合作研究了中国和澳大利亚建立自由贸易区可行性,① 但该报告对中澳之间农产品贸易的分析只是很小的一部分,且只停留在宏观层面的讨论,没有展开翔实的研究。

那些涉及建立自由贸易区对中国农业影响的研究,至少存在两方面的不足。首先,已有文献的研究内容仅停留在双边农产品贸易静态比较优势的测算阶段,对双边农产品贸易动态、结构、竞争性、互补性及其潜力的研究鲜有涉足。即使涉及这方面的研究内容(司伟、周章跃,2006;吴凌燕等,2006;朱晶、陈晓艳,2006),也因对研究方法差异和数据来源不同,得出的结果和其对结果的解释大相径庭。其次,研究方法单一,研究不够深入。多数研究仅仅运用巴拉萨提出的比较优势指数(吕玲丽,2004)和产业内贸易指数(胡铁华、肖海峰,2006;王晶,2010)分析双边农产品贸易动态。杨军等(2005)、中国农业大学经济管理学院和农业部发展计划司课题组(2006)都曾运用 GTAP 模型模拟了中国和澳大利亚建立自由贸易区对两国生产和中国农产品贸易的影响。Jales 等(2006)从巴西和中国农业发展和进出口贸易演变的角度考察了两国农业面临的机遇和挑战。

国外学者的研究,从研究内容看,主要关注两类问题:一是自由贸易协定对各国福利的影响(Wonnacott,1996;Hertel et al.,2004;Raihan,2010;

---

① Australia – China Free Trade Agreement Jiont Feasibility Study. Retrived on 3 – 12 – 2008 from www.dfat.gov.au/geo/china/fta.

Freund & Ornelas, 2010); 二是自由贸易协定已经(或即将)签订双方开展贸易的基础(Michaely, 1996; Achy, 2006)。从研究方法看,可以分为两类:一是应用一般均衡模型、引力模型等开展研究(Kim et al., 2001; Achy, 2006; Raihan, 2010); 二是使用比较优势指数和产业内贸易指数等各种贸易统计工具(Gorton & Davidoval, 2001; Qureshi & Wan, 2006)。从研究视角看,已有文献均是站在中国之外的其他国家的立场讨论签署自由贸易协定的经济与政策含义(Vollrath, 2001; Gallagher, 2004; Lee et al., 2005; Si et al., 2013),而探讨自由贸易区建设对中国农业资源配置和农产品贸易影响的研究不多。

二、研究目标与基本思路

(一) 研究目标

本书的研究目标是:第一,梳理双边农产品贸易经验研究中常用的各种指数分析工具的优点、存在的缺陷和这些指数间的逻辑关系,探索针对农产品贸易关系研究的改进方法;第二,采用改进后的经验研究方法,运用同一个数据库的数据,在更细分的水平(分解到四位)上,研究中国和重要潜在的FTA伙伴间农产品贸易模式及背后的推动力量,探讨开展双边农业合作的潜在经济意义;第三,分析中国和这些潜在的FTA伙伴签署双边自由贸易协定对中国农业资源配置和农产品贸易的影响。力争通过以上研究,为中国FTA谈判及双边合作提供深层次的背景分析,并为中国农业发展和农产品贸易政策提供相应的意见和建议,以推进中国与其他国家和地区的区域贸易发展。

(二) 基本思路

本书的研究思路是:第一,考察世界及中国FTA进展及变化趋势,这作为研究背景和起点;第二,从经典的国际贸易理论出发,探讨双边贸易的成因与自由贸易理论的争议焦点;第三,从方法论的角度,评述各种用于研究双边贸易基础的指数分析工具存在的优缺点、方法之间的逻辑关系及这些方法应用到农产品贸易中存在的问题;第四,探索常用的统计分析工具可能的改进;第五,实证研究中国与潜在的自由贸易伙伴——巴西、印度、澳大利亚、日本和韩国——之间的农产品贸易关系;第六,结论和讨论。

三、研究内容和研究方法

(一) 研究内容

本书的主要研究内容:第一,识别经验研究中用于剖析双边农产品贸易关系的主要统计指数分析方法的优点、存在的缺陷及其之间的逻辑关系,并讨论改进这些方法缺陷的可能路径。第二,研究中国和潜在的自由贸易伙伴——巴西、印度、澳大利亚、日本和韩国——国家间的农产品贸易关系,即双边农产品贸易特征、趋势、贸易强度、互补性及农业合作前景。第三,分析中国和这些潜在的FTA伙伴一旦签署自由贸易协定,对中国农业资源配置和农产品贸易可能带来的影响。

具体内容如下:

1. 区域自由贸易协定的演进与发展

这部分内容包括三部分:一是厘清各种类型的RTAs之间的区别,重点是FTAs与RTAs之间的关系;二是利用统计资料,从自由贸易协定的地理分布、国家类型和WTO多边贸易体制的角度,解析区域贸易协定的演化与动态;三是讨论区域贸易协定快速发展的原因。

2. FTA签订的依据:方法论角度的评述

这部分首先从贸易理论入手,讨论自由贸易协定的理论争议焦点;其次从方法论的角度考察双边贸易关系研究中常用的统计指数方法及对这些方法的修订、改进和评论。

大量文献采用统计指数分析工具研究国家间的贸易关系,[①] 并以此研究结果为依据,判断国家之间签订FTA的可行性及评价事后的贸易绩效。由于这些指数

---

① 除指数分析方法外,双边贸易关系研究中还常用计量经济模型,如引力模型(Gravity Model),这些计量模型不在本书的研究范围内。

分析方法常用于研究国家间工业及服务业贸易关系,而农产品贸易有其独特的产品特征和需求结构,因此,能否不假思索地直接用这些方法研究不同国家间的农产品贸易关系,非常值得质疑。为此,结合农产品贸易的特点,这部分逐个研究各种经验研究方法应用动态、优缺点、使用中应注意的问题和各种方法之间的逻辑关系。而且还尝试探讨和探索了这些方法可能的修订或改进途径。

3. 中国与潜在 FTA 伙伴间农产品贸易关系

澳大利亚、巴西、印度、日本和韩国是世界上重要的农产品贸易大国。中国与这些国家的 FTA 谈判或磋商进行了多年,是潜在(或现实)的自由贸易谈判方、贸易伙伴与合作对象。比如,中国和澳大利亚从 2005 年开始谈判 FTA,截至 2013 年,已经谈判了 19 轮;中国、日本和韩国从 2010 年启动官产学联合研究,2014 年 3 月 4 日是第 4 轮谈判。中国和印度在 2008 年启动区域贸易安排联合研究。① 尽管中国与巴西官方还没有讨论双边自由贸易协定事宜,但这两个国家在 2012 年签署了投资和服务贸易协定。近年来,中国从巴西进口了大量的农产品,如大豆和食糖,② 巴西也是中国在拉丁美洲的重要利益所在。因此,中国与巴西之间的农产品贸易关系也是本书的研究内容之一。

这部分主要考察中国和这些国家之间农产品贸易现状与特征,包括中国向潜在的 FTA 伙伴国家出口(或进口)什么产品?双方的贸易强度如何?中国和这些国家之间是否存在产业内贸易?双方具有比较优势的农产品是什么?中国和这些国家之间农产品贸易是否存在互补性?

具体研究内容是:第一,农产品贸易动态,利用统计描述分析、贸易强度指数和产业内贸易指数工具,研究中国与这些国家间农产品贸易状况发展与演变过程、农产品贸易结构及贸易关系的紧密程度,是否仍有进一步拓展的空间。第二,农产品贸易互补性,运用显示性比较优势方法测算主要贸易产品的显示性比较优势指数,描述显示性比较优势指数的动态变化,在此基础上,用贸易互补指数度量国家之间农产品贸易的互补程度,这样做的目的是为了更准确地验证前文

---

① 笔者从事这项研究时,彼时中国刚与澳大利亚进行双边自由贸易协定的谈判;中国与日本、韩国、印度及巴西的联合研究都还没有启动。因此,项目选题中有"潜在"自由贸易伙伴的表述。选择这些国家做研究对象:一是基于世界双边贸易自由贸易协定发展态势的考虑;二是基于中国经济成长对农产品贸易需求的判断。

② 中国从巴西进口大豆量占中国大豆进口总量的 41.9%;巴西大豆出口量的 60% 都流向了中国市场(司伟、张猛,2013)。此外,2012 年,中国进口食糖 374.72 万吨,从巴西进口食糖量占中国进口食糖总量的 53%。

的研究结果。第三，双边农产品贸易前景展望，根据研究结果，分析自由贸易协定可能对中国农业资源配置和农产品贸易的影响。第四，结论与讨论。

（二）研究方法

为了深刻洞察双边农产品贸易模式，很有必要讨论下述重要问题，中国向潜在的这些FTA伙伴国家出口（或进口）什么产品？双方的贸易强度如何？中国和潜在的FTA伙伴国家之间是否存在产业内贸易？双方具有比较优势的农产品是什么？中国和潜在FTA伙伴国家之间农产品贸易是否存在互补性？系统地回答这些问题，需要一个分析框架来实现研究目标。本书遵循一个广义的概念框架，在评述各种研究方法优缺点的基础上，选择重要且广为运用的统计指数工具研究上述问题。这些指数是，贸易集中度指数、产业内贸易指数、显示性比较优势指数和贸易互补性指数等。

具体研究方法如下：

1. 区域自由贸易协定发展及签订的依据

WTO体制下的多边贸易谈判停滞不前，促使许多国家把签署区域贸易协定作为其拓展贸易市场和制定贸易政策的主要工作之一，全球涌现了越来越多区域贸易协定。为了识别国家间可能存在的贸易基础与贸易机会，文献中充斥着大量精心构造的工具或研究方法，试图识别国家间贸易的要素与资源禀赋基础。

为了更好地理解这些精心构造的研究方法和这些方法在甄别双边贸易基础方面提供的帮助，这部分首先使用统计资料分析区域贸易协定发展的现状，其次对现有的贸易理论做一个简要的评论，并讨论自由贸易协定理论的争议焦点，最后引出经验研究中常用来识别双边贸易基础的各种指数分析工具的理论基础，如常用来研究双边贸易背景、已存在的贸易模式和贸易强度的产业内贸易指数和产业间贸易指数；贸易互补性程度分析常用的显示性比较优势指数及贸易互补性指数等方法。

这部分是评述每种方法的来龙去脉、优点、缺点和适用范围，重点是探讨应用这些方法分析双边农产品贸易关系需要注意的陷阱及可能的改进途径。

2. 双边农产品贸易关系

（1）贸易集中度（强度）指数。这是双边贸易相对动力或阻力的指示器，该指数描述贸易双方之间的相互贸易相对于世界市场贸易的紧密程度。测算贸易集中度有很多方法，本书采用布朗（Brown, 1947）、库济莫（Kojima, 1964）所提出的方法，其出口集中度指数（Trade Intensity Index，TII）被定义为：

$$TII_i = \frac{x_{ij}/X_{iw}}{M_{jw}/(M_w - M_{iw})} \qquad (1-1)$$

式中，TII_i 表示国家 i 的 x 商品出口集中度指数；x_{ij} 表示国家 i 的商品 x 对国家 j 的出口；X_{iw} 表示国家 i 向世界 w 的总出口；M_{jw} 表示国家 j 从世界的总进口；M_w 表示世界总进口；M_{iw} 表示国家 i 向世界 w 的总出口。贸易强度指数大于（小于）1，表示双边贸易流量大于（小于）预期水平，贸易伙伴国具有较重要（次要）的地位。当一国与另一国的双边贸易额增大时，贸易强度指数增加，两国的贸易关系有强化态势。

（2）产业内贸易（Intra–Industry Trade，IIT）指数。这是衡量贸易伙伴之间贸易结构的重要指标。有许多文献讨论测算产业内贸易程度的方法（Greenaway & Miler，1983），这其中尤以格鲁贝尔—劳埃德（Grubel & Lloyd，1975）指数的应用最广泛，该指数用比率的形式反映进出口贸易是否平衡，测算方法如下：

$$IIT_{ij} = 1 - \frac{|x_{ij} - m_{ij}|}{x_{ij} + m_{ij}} \qquad (1-2)$$

式中，IIT_{ij} 表示国家 i 在商品 j 上的产业内贸易指数；x_{ij} 表示国家 i 的 j 商品的出口额；m_{ij} 表示国家 i 的 j 商品的进口额。该指数取值在 0 和 1 之间。当 IIT_{ij} 介于 0~0.5 时，表明该产品的贸易以产业间贸易为主；当 IIT_{ij} 介于 0.5~1 时，表明该产品以产业内贸易为主，说明双方间的贸易具有较强的互补性。

（3）显示性比较优势（Revealed Comparative Advantage，RCA）。该指数把一个国家某个部门的出口放在世界总商品贸易框架下，考察该部门的出口潜力。显示性比较优势的概念由巴拉萨（Balassa，1965）提出，它是用一国总出口中某类商品的出口所占比例相对于世界贸易总额中该类商品出口所占份额的大小度量该类商品的比较优势。国家 i 生产的 j 产品的显示比较优势指数的计算方法是：

$$RCA_{ij} = \frac{X_{ij}/X_{it}}{X_{wj}/X_{wt}} \qquad (1-3)$$

式中，X_{ij} 和 X_{ji} 分别表示国家 i 的 j 产品和世界的 j 产品在一定时期的出口额；X_{it} 和 X_{wt} 是国家 i 的出口总价值和世界的出口总额。如果这个指数值大于（或小于）1，说明所考察国家在某种产品的出口上具有（不具有）显示性比较优势。然而由于农产品市场是一个高度扭曲的市场，这造成实际的比较优势和计算出的结果可能不一致，因而该指数的计算结果可能产生误导，使用时要特别谨慎。在经验研究中，越是使用分解的数据，而不是用加总的数据——在更细分的水平上，显示性比较优势指数的计算结果可能越准确。

（4）贸易互补性指数（Trade Complementarity Index，TCI）。该指数在贸易产品层面把一个国家的出口专业化模式和另外一个国家的进口专业化模式建立了联系，从一个国家出口和另一个国家进口重叠方面来度量两个国家成为自然贸易伙伴的程度。

现有文献中，贸易互补性的测算方法很多，使用杂乱，这其中，Vollrath 和 Johnston（2001）提出的方法有一定的理论基础，运用也较广泛，它是用加权的方法衡量一个国家某个部门所有产品的相对出口份额（RXS_i^k）和另一个国家相对进口份额（RMS_j^k）在多大程度上相匹配，用公式表示为：

$$CC_{ij}^s \equiv \sum_{k \in s} [\theta^k \times RXS_i^k \times RMS_j^k] \qquad (1-4)$$

式中：

$$RXS_i^k \equiv \frac{X_{iw}^k / X_{iw}^s}{X_{ww}^k / X_{ww}^s} \equiv \frac{k\,商品在\,i\,国家\,s\,部门的出口份额}{k\,商品在世界\,s\,部门的出口份额}$$

$$RMS_j^k \equiv \frac{M_{jw}^k / M_{jw}^s}{M_{ww}^k / M_{ww}^s} \equiv \frac{k\,商品在\,j\,国家\,s\,部门的进口份额}{k\,商品在世界\,s\,部门的进口份额}$$

$$\theta^k \equiv \frac{X_{ww}^k}{X_{ww}^s} \equiv k\,商品在世界\,s\,部门的出口份额$$

RXS_i^k 是 Balassa（1965）提出的显示性比较优势指数，RMS_j^k 和它结构相同，只是采用的是进口数据而不是出口数据。换句话说，贸易互补性指数是用贸易加权的方式描述了一个出口国家的某个部门的比较优势和另一进口国家比较优势的吻合程度。也就是说，这个指数刻画了在国际市场上，出口国家所出口产品的生产专业化程度与进口国家所进口的产品专业化程度是否相匹配。

一般来说，只要在同一部门存在商品进出口，都有不同程度的双边贸易互补性。互补性指数等于 1 是个界限，如果计算结果大于（或小于）1，就说明出口国家 i 和进口国家 j 之间的贸易互补性比平均水平要高（低）。如果互补性指数呈向上增长的趋势，说明正在发生的贸易结构改变提高了资源配置效率，这样的变化很可能会增加社会福利。

四、重点、难点及创新之处

本书的重点、难点有两个方面,第一,如何改进经验研究中用于测算双边贸易基础的各种方法,并恰当地应用于双边农产品贸易关系研究;第二,对经验研究中的结果给出接近事实的解释。

事实上,利用指数方法度量中国与潜在自由贸易伙伴国家间农产品贸易关系,这只是一种描述性分析,也就是解决是什么的问题。至于造成这种状况的原因及其决定因素,也就是解决为什么的问题,需要运用计量经济分析技术进一步研究。本书的着力点在第一个方面。这也是造成对各种经验研究结果给出接近事实解释比较困难的一个原因。

本书的创新之处是:第一,运用同一个数据库(联合国商品贸易数据库)中的数据,在更细分——分解到四位代码,而不是加总的水平上,研究中国和潜在自由贸易伙伴国家间的农产品贸易关系;第二,对经验研究中常用于甄别双边贸易基础的方法进行修正;第三,巴西、印度、澳大利亚、日本和韩国都是世界上重要农产品贸易国,运用恰当的研究方法,研究中国与上述国家的农产品贸易关系,理解中国与这些国家建立 FTA 对中国农业资源配置和农产品贸易的影响。

第二章 区域自由贸易协定的演进与发展

一、引言

与通过单纯地削减关税壁垒以促进不同经济体之间的联系相比，区域贸易协定（Regional Trade Agreements，RTAs）在当今全球化过程中扮演着越来越重要的角色，据估计，当今一半以上的贸易都是在区域贸易协定下进行的。特别是在WTO框架下的多边贸易谈判举步维艰的时候，那些渴望贸易自由化的国家对区域或双边贸易协定有更浓厚的兴趣。区域贸易协定被许多WTO成员作为受欢迎的贸易政策工具，在很多情况下作为最惠国待遇（Most Favored – Nation Treatment，MFN）的一个补充。大多数的WTO成员都参加了一个或多个自由贸易协定，截至2005年7月，所有WTO成员中只有蒙古一个国家没有签署自由贸易协定。

在多边贸易体制建立的早期，区域贸易协定已经出现，之后，区域贸易协定的深度和广度也有一定程度的拓展。然而，20世纪90年代以来，与以往相比，区域贸易协定的数量和波及范围大幅度增加。WTO在2005年7月通报的330个区域贸易协定，有206个是1995年1月WTO成立以后签署的。单就2004年1月到2005年2月，WTO就通报了43个区域贸易协定（Crawford & Fiorentino, 2005）。

从正在执行的规模不断扩大的区域贸易协定类别看，自由贸易协定是主要的类型,其数量快速增加。WTO通报的377个正在执行的区域贸易协定成员中,218个是FTA形式的区域贸易协定,约占正在执行的区域贸易协定的57.8%。很多国家选择磋商两个国家间的双边贸易协定,这种是区域贸易协定的较简单的形式。双边自由贸易协定占WTO通报的正在执行的区域贸易协定的75%,正在磋商的区域贸易协定中,有90%是双边自由贸易协定(Crawford & Fiorentino, 2005)。随着世界经济的发展,今后签署区域贸易协定的国家会越来越多。

除引言外,本章首先阐述各种类型的区域贸易协定差异;其次分析已有区域贸易协定的国别结构与地理分布;再次给出区域贸易协定的发展趋势;最后讨论区域贸易协定快速增加的原因。

二、自由贸易协定与区域贸易协定

区域贸易协定不仅是WTO法律框架所允许的,而且WTO认为,区域贸易协定可以促进WTO成员国之间更好的经济融合。然而,20世纪90年代中期以来,区域结盟兴起,越来越多的成员国之间签署区域贸易协定,多边主义与区域主义究竟是不是冤家,至今争论不休。

多边主义(Multilateralism)指的是在GATT/WTO体制下所有GATT/WTO成员国作为一个整体的国家间贸易磋商。GATT/WTO体制的基础是非歧视原则,也就是说,如果某个国家给予了一些国家特殊的优惠待遇,那么这个优惠待遇对WTO所有成员都适用,即最惠国(MFN)规则。

区域主义(Regionalism)指的是违背非歧视原则的区域贸易协定(Regional Trade Agreements, RTAs)。参与区域贸易协定的某个国家对区域协定的成员国与非成员国采取歧视性或区别对待的贸易政策,而这种区别对待政策属于GATT/WTO在某些特定条件下的MFN豁免条款,如自由贸易区(Free Trade Agreements/Area, FTAs)、关税同盟(Customs Unions, CUs)。

区域贸易协定是WTO对FTAs及其他形式的区域互惠贸易协定的统称。区分不同区域贸易协定公认的方法是贸易协定不同阶段及这些不同阶段的协定框架下一体化程度的差异。

根据参与国家或地区的区域一体化程度差异,RTAs依次可以分为五种类型

（见图2-1），即优惠贸易协定（Preferential Trade Agreements，PTAs）、自由贸易协定、关税同盟、共同市场（Common Markets，CMs）和经济一体化协定（Economic Integration Agreements，EIAs）。①

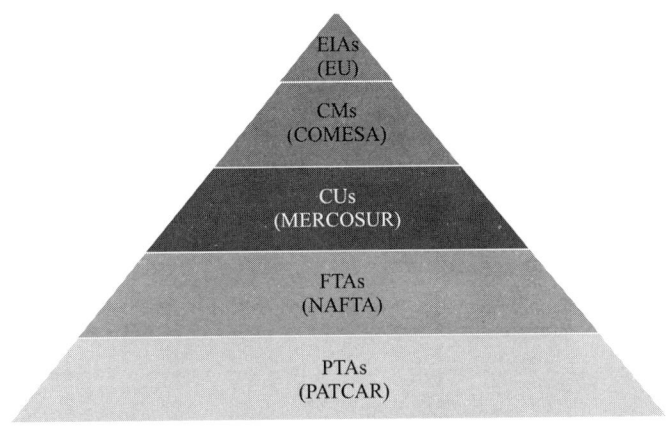

图2-1 RTAs的类型

注：图中括号中的字符表示代表性的区域贸易协定。PATCAR是巴布新几内亚—澳大利亚贸易与商业关系协定；NAFTA是北美自由贸易协定；MERCOSUR是南锥共同体；COMESA是东南非洲共同市场；EU是欧盟。

PTAs是区域贸易协定的一种基本形式。这种形式的协定多限于发达国家和最不发达国家间的部分贸易流，且通常是非互惠的；其目的在于帮助最不发达国家。FTAs是一种互惠贸易安排，协定参与国之间承诺逐渐消除关税及配额等贸易壁垒。CUs是第三层级的经济一体化协定。关税同盟协定不仅消除协定国之间的贸易壁垒，而且协定参与国采取相同一致的对外贸易政策。从这个意义上说，CUs等于FTAs加上一致对外的贸易政策。而参与CMs的各国之间不但消除商品贸易壁垒，而且消除参与国之间的要素流动限制，同时保留一致对外的贸易政策。最高层级的区域贸易协定形式是经济同盟，以欧盟为代表。欧盟国家之间不

---

① Pal（2003）认为5种类型的RTAs中，PTAs、FTAs和CUs是浅一体化协定，CMs和EUs是深一体化协定。另外，RTAs包括的类型是一个有争议的问题。Fulponi等（2011）认为，RTAs包括自由贸易协定、区域一体化协定和关税同盟三种类型，这三种类型都是PTAs。WTO统计口径中认为PTAs是单边贸易协定，而RTAs是互惠贸易安排，分别由不同的数据库统计。但上述区分不是绝对的，从某种意义上说，欧盟就是最大的RTAs，也是一个关税同盟。

但消除商品和要素的流动限制,而且欧盟各国间采取基本一致的宏观经济政策。

从正在执行的区域贸易协定类别看,自由贸易协定(Free Trade Agreements, FTAs)是主要的类型。WTO通报的260个正在执行的区域贸易协定的成员中,220个是自由贸易协定,约占正在执行的区域贸易协定的84.6%(2013年11月数据)。还没有执行的贸易协定中,96%是旨在建立双边自由贸易协定,如图2-2所示。正在磋商(或即将签署)的区域贸易协定中,有90%是双边自由贸易协定。①

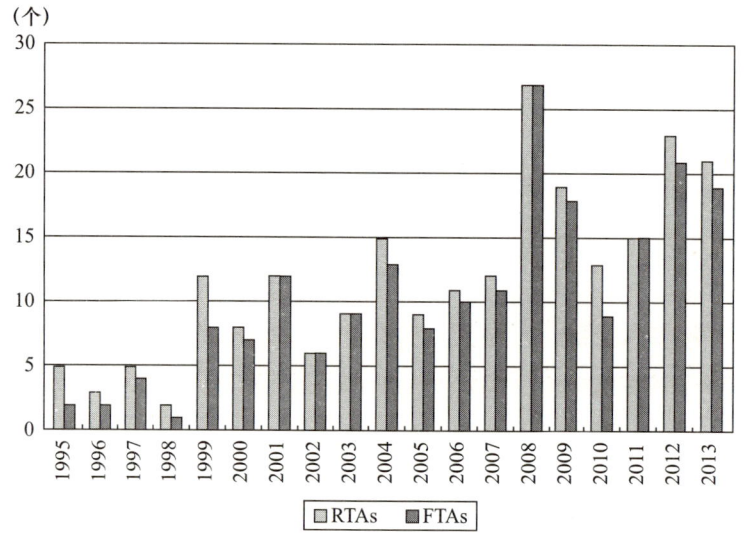

图2-2 正在执行的区域贸易协定中FTAs的数量

资料来源:WTO区域贸易信息系统。

双边自由贸易协定而不是关税同盟,其数量快速增加的原因可能如下:首先,如果寻求进入更大的市场,与多边谈判相比,双边谈判达成一致协议比较容易,特别是WTO成员之间缺乏更进一步推动多边贸易自由化意愿的背景下,双边谈判可以实现WTO中尚属不切实际的一些目标。其次,双方的政策调整成本小,尤其是在协定双方对第三国保持其独立政策时。很多自由贸易协定的签署是

---

① 双边贸易协定可能不止两个国家,尤其是当其中一个已经是另一个区域贸易协定的一员的时候,如东盟与中国的自由贸易协定。多边贸易协定是指包括两个以上的成员国,如MERCOSUR。

基于市场准入战略考虑,而不受地理范围限制。再次,双边贸易协定磋商和执行的时间灵活。双边贸易自由化关税减让的时间表比多边贸易体制下灵活,有时候这种双边关税减让是不对称的,可以允许一个国家有较长的逐渐削减关税日期。又次,对一些国家来说,那些在国际贸易竞争中没有比较优势的产品,可以通过带有歧视性的双边贸易协定获得收益。因为区域贸易协定的关键不在于伙伴的多少,而在于谁是伙伴。最后,范围广泛,形式灵活。双边自由贸易协定不仅限于商品贸易,在投资、服务、知识产权和环境等更广阔的范围内都可以进行磋商,也可以把一些敏感性商品排除在协定之外,从而得到有针对性的市场准入。①

三、区域贸易协定的结构与分布

从参与区域贸易协定的国家类别来看(见图2-3),区域贸易协定主要是由经济转型国家之间签订(Fiorentino et al., 2006),约占总体区域贸易协定的30%;其原因是苏联解体和经济互助委员会(The Council for Mutual Economic Assistance, COMECON)解散导致了一连串的经济转型国家之间的区域贸易协定。发达国家之间签署的区域贸易协定占协定总数的12.8%。发达国家和发展中国家签署的区域贸易协定约占协定总数的25%。发达国家主要是欧盟,其次是美国,还有日本、澳大利亚、新西兰和加拿大等国家,这些发达国家在全球范围进行区域贸易协定磋商,尤其是与东南亚和拉丁美洲的一些国家签署的协定最多。发展中国家之间签署的区域贸易协定占总体贸易协定的27%;主要是亚洲及拉丁美洲的一些国家之间签署的协定。

从区域贸易协定的地理分布看,东南亚国家联盟中,新加坡缔结的自由贸易区数量最多,其与日本、澳大利亚和美国等国家都达成了自由贸易协议。在美洲,墨西哥是缔结自由贸易协定最多的国家,事实上,墨西哥也是所有发展中国家中签订自由贸易协定最多的国家;其次是智利。而且,在美洲,区域贸易协定趋向于关税同盟的自由贸易协定形式,如南锥共同体(South American Common

---

① 区域贸易协定的迅速增加,尤其是当其范围扩大到多边贸易体制所没有管制的区域时,来自不同成员之间规则和程序自相矛盾的风险就会加大。这可能会造成规则混乱、地区市场扭曲,给执行贸易协定带来困难,不同的区域贸易协定重叠的时候尤其如此。

Market，MERCOSUR）。一些地中海国家、东欧国家和苏联解体后的一些国家通常是和欧盟缔结自由贸易协定。在非洲，一些国家对关税同盟有浓厚的兴趣。

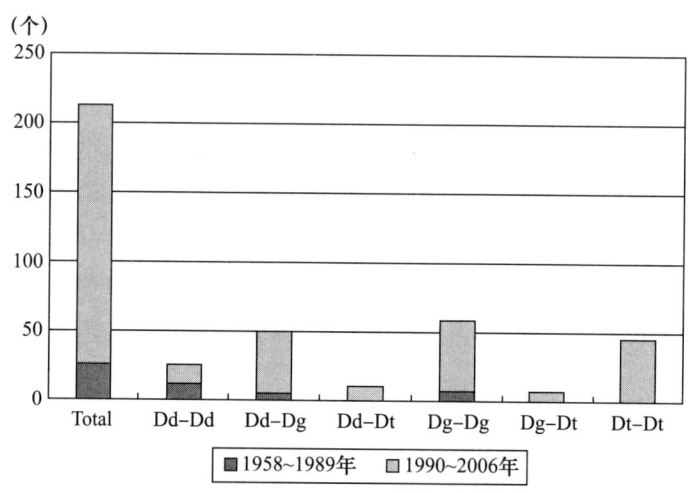

图 2-3 WTO 通报的区域商品与服务贸易协定

注：Dd 表示发达国家；Dg 表示发展中国家；Dt 表示转型国。

四、区域贸易协定的发展趋势

世界各国都尝试利用区域贸易协定来达到其贸易或非贸易目的，这也是当今世界多边贸易体制下的一个主要和不可逆转的趋势。1948～1994 年，GATT（WTO 的前身）通告了 124 个仅包括商品贸易的区域贸易协定。然而，20 世纪 90 年代中期建立 WTO 以来，WTO 秘书处通告了约 400 个包括商品和服务贸易的区域贸易协定，这一时期，区域贸易协定的数量迅速增加，如图 2-4 所示。

根据 Crawford 和 Fiorentino（2005）的统计，WTO 在 2005 年 7 月通报的 330 个区域贸易协定中，有 206 个是在 1995 年 1 月 WTO 成立以后签署的。2004 年 1 月到 2005 年 2 月，WTO 就通报了 43 个区域贸易协定。截至 2014 年 1 月 31 日，GATT/WTO 共通报了 583 个区域贸易协定，其中 377 个正在执行，比 2005 年 7

月的180个增加了187个,平均每年增加20.7个,这个增长速度比WTO成立后的第一个10年间区域贸易协定增加的速度还要快。除此之外,还有一些即将执行或正在执行的协定没有通报。

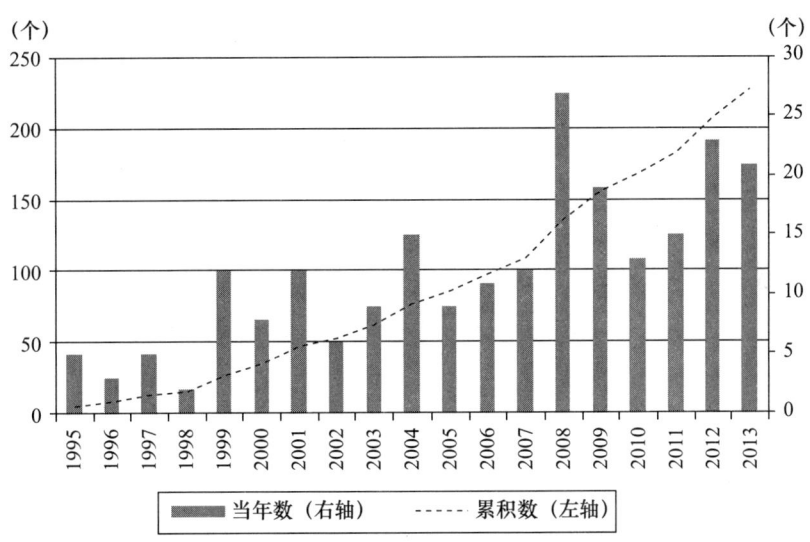

图2-4 WTO通报的正在执行的区域贸易协定

资料来源:WTO区域贸易信息系统。

区域贸易协定被许多WTO成员作为受欢迎的贸易政策工具(尽管存在争议),在很多情况下作为最惠国待遇的一个补充。一些WTO成员国,互惠贸易占其贸易总额的90%以上。据统计,平均每个WTO成员国和15个国家签署了区域贸易协定(Freund & Ornelas,2010)。亚太地区的FTA更是风起云涌,1995~2015年亚太地区的FTA数量增长了6倍以上。

许多国家,包括那些过去依赖多边贸易自由化的国家,都正在把推进区域贸易磋商作为其贸易政策的主要工作之一。一些国家把区域贸易协定与多边贸易体制作为共同的目标,还有一些国家把区域贸易协定当作其主要工作。区域贸易协定越来越复杂,形成了一个交叉网络,在一些地区,其复杂程度甚至超过了多边贸易体制。发达国家和发展中国家之间互惠贸易协定逐渐增加,也出现了一些旨在加强主要发展中国家之间合作的贸易协定,如南南贸易合作、中国与东盟自由贸易区等。

相邻区域间的贸易合作不断巩固的同时，跨地区之间的区域贸易协定不断增加，并且后者占新增加的区域贸易协定很大一部分，也就是说，洲际范围的贸易集团正在形成、区域结盟日益兴盛。例如，亚太地区的跨太平洋战略经济伙伴关系（Trans-Pacific Strategic Economic Partnership，TPP）、跨大西洋贸易与投资伙伴关系协定（Trans-atlantic Trade and Investment Partnership，TTIP）磋商正在紧锣密鼓地进行。跨区域贸易协定的快速增长，可能会破坏WTO多边贸易体制的基石、透明性和可预见性，贸易壁垒削减对经济福利的影响也需要新的评估，这也许会最终改变全球贸易模式。①

五、区域贸易协定快速增加的原因

不同国家（地区）之间之所以签署自由贸易协定，不仅是从经济上考虑，还有基于更多的政治和安全因素的考量。② 后一种情况在亚洲表现得尤为明显。亚洲各国往往把区域贸易协定作为一个附加于其他非贸易问题的平台。自由贸易区的建立可以帮助发展中国家推动国内改革和逐渐把国内市场向具有竞争力的方面开放，促进国内和国际市场的一体化。小国把区域贸易协定当作防御性措施，大国积极寻求区域贸易磋商，以免被冷落一边。正如骑自行车一样，如果你不前行，就会摔倒。

从20世纪90年代初至今，区域贸易协定的迅速增加与地缘政治有深刻渊源，最早可以追溯到20世纪80年代或90年代初期。首先，由于乌拉圭回合（1986~1994年）能否成功的不确定性，促使一些国家之间转而发展双边互惠贸易，以避免乌拉圭回合失败的风险。其次，由于多边贸易谈判进展缓慢，前景惨

---

① 区域贸易协定可能会对WTO及多边贸易体制及经济增长的影响，是一个有争议的话题。一般来说，建立自由贸易区可能会违反WTO的平等一致的原则（最惠国待遇）。但是GATT第24款和第5款把区域贸易商品（服务）协定作为一个例外，如果不触犯WTO特定禁止的情况，允许签署区域贸易协定。WTO认为，在有些情况下，区域贸易协定可能会有损协定地区之外国家的利益；但WTO也承认，区域贸易协定有益于促进贸易自由化和贸易壁垒的拆除。1996年2月8日，WTO成立了区域贸易委员会，来评估区域贸易协定对多边贸易体制的影响及二者之间的关系。

② Whalley（1998）把国家间签署区域贸易协定的动因归纳为6个方面，分别为贸易创造效应、促进国内政策改革、增加多边贸易谈判力量、市场进入保障、战略联系及多边（或区域）相互影响。

淡,特别是1999年西雅图会议和2003年坎昆会议受挫,促使许多国家转而推进区域贸易协定,以促进经济一体化。最后,欧盟不断扩张,其政治经济影响日益扩大,促使美国等原来对区域贸易协定持反对意见的国家转而积极寻求区域贸易协定伙伴。

近些年,区域贸易协定又有了从最初的消除关税壁垒的目的转向电子商务、服务贸易、直接投资、政府采购、知识产权、劳工及环境标准等方向的趋势,新签署的FTA在开放程度和自由化程度方面远高于WTO规则水平,而且,FTA也越来越巨型化。正因为这些变化,FTA被认为是多边谈判机制失灵的情况下,实现全球范围内贸易自由化的路径。而由发达国家主导且国家之间经济发展水平差距很大的跨区域贸易结盟兴起——TPP和TTIP,也再次引发了学者对区域贸易协定是否能实现其预期目标和签署自由贸易协定真正用意的讨论,如Lee和Shin(2006)、Whalley(1998,2013)等。

六、本章小结

尽管在多边贸易体制建立的早期,区域贸易协定已经出现,毫无疑问,区域贸易协定在当今全球化过程中扮演着越来越重要的角色。从正在执行的规模不断扩大的区域贸易协定类别看,双边自由贸易协定(FTAs)是主要的类型,约占正在执行的区域贸易协定的84.6%。FTAs是一种互惠贸易安排,协定参与国之间承诺逐渐消除某些贸易壁垒。

经济转型国家之间签订的区域贸易协定约占总体区域贸易协定的30%;发达国家之间签署的区域贸易协定占协定总数的12.8%。发达国家和发展中国家签署的区域贸易协定约占协定总数的25%。发展中国家之间签署的区域贸易协定占总体贸易协定的27%。

与多边谈判相比,双边谈判达成一致协议比较容易,而且双方的政策调整成本小,协定磋商和执行时间灵活,这都是FTAs快速增加的原因。从根本上说,区域贸易协定的迅速增加与地缘政治有深刻渊源。由于多边贸易谈判进展缓慢、前景惨淡,促使许多国家转而推进区域贸易协定,以促进经济一体化。不同国家(地区)之间之所以签署自由贸易协定,不仅是从经济上考虑,还有基于更多的政治和安全因素的考量，后一种情况在亚洲表现得尤为明显。

相邻区域间的贸易合作不断巩固的同时，跨地区之间的区域贸易协定不断增加，并且后者占新增加的区域贸易协定很大一部分，也就是说，洲际范围的贸易集团正在形成、区域结盟日益兴盛。从协议国家看，这些跨区域结盟往往由发达国家或新兴的经济大国主导且国家之间经济发展水平差距很大。从签署协议的目的看，区域贸易协定从最初的消除关税壁垒目的转向了服务贸易、直接投资、政府采购等多目标方向发展。

这些现象的出现也再次引发了学者对区域贸易协定是否能实现其预期目标和签署自由贸易协定真正用意的广泛讨论。总体来看，跨区域贸易协定的快速增长，可能会破坏WTO多边贸易体制的基石、透明性和可预见性，而且贸易壁垒削减对经济福利的影响也需要新的评估，这也许会最终改变全球贸易模式。

第三章　自由贸易协定签订的依据：方法论角度的评述

一、引　言

随着双边自由贸易协定和自由贸易区不断涌现，学界为此开展了大量研究。从研究内容看，这些研究主要关注两类问题：一是自由贸易协定对签约国经济福利的影响（Wonnacott，1996；Hertel et al.，2004；Raihan，2010）；二是自由贸易协定签订的要素与资源禀赋基础（Michaely，1996；Achy，2006）。从研究方法看，可以分为两类：一是应用一般均衡模型、引力模型等计量经济技术；二是采用统计指数工具，如显示性比较优势、产业内贸易和贸易集中度等指数。

基于研究资料特点、产业特征或方法自身缺陷的考虑，学者们对FTAs研究中常用的计量经济模型和统计指数做了诸多改良，因而，这些方法或工具表述形式五花八门，更存在广泛的争议。我们常可以观察到这样一种令人困惑的现象：即使用相同的方法来研究同一个问题，不同文献所得出的结果及其解释也可能大相径庭。更何况，很多研究人员在方法选取中采取"拿来主义"，并没有细致考证所选用的方法是否适用于所要研究的问题。

因此，很有必要对各种双边贸易关系研究中常用方法的逻辑关系及其优缺点做一个梳理，以澄清目前"混乱"的局面。我们不打算逐一赘述和评论各种区域贸易关系研究方法的全部文献——事实上，这也是不可能完成的任务，仅探讨常用的各种统计指数工具的优点、缺陷及逻辑关系。

为了实现上述研究目标,本章首先从经典的贸易理论出发,探讨双边贸易的基础;其次从方法论的角度,评述各种双边贸易关系研究中常用的数学方法的理论基础、优缺点、逻辑关系及其在实际应用中存在的误区;再次探讨这些统计指数分析工具可能的改进路径;最后是结论。

二、双边贸易的基础——理论分析

(一) 贸易的成因

对国际贸易成因的阐释是国际贸易理论最基本的问题之一。一般来说,国家之间的贸易往来是互利的。两国之间开展贸易一定存在潜在的基础,而这个基础正是两国开展贸易的推动力,决定着贸易流和贸易模式。问题的关键是,我们该如何识别并量化分析这样的基础呢?人们采用了各种各样的方法,从理论和经验研究两个维度试图甄别或量化不同国家或地区之间开展贸易的基础和决定因素。

亚当·斯密(Adam Simith,1776)认为,生产成本绝对差异是产生国际贸易的原因。以大卫·李嘉图(David Ricardo,1817)为代表的古典贸易理论认为,不同国家或地区之间开展贸易的基础是比较优势(两国在生产成本上存在相对差异),而不是绝对优势。比较优势可能来源于这些国家或地区间技术生产力的差异,因为生产技术决定劳动生产率,而产品的成本是由劳动生产率决定的。新古典贸易理论(Heckscher,1919;Ohlin,1933)表明,在缺乏李嘉图技术比较优势时,只要国家之间存在着要素(劳动力、资本和土地等生产要素)禀赋差别,也可能产生贸易。

这些解释贸易基础的模型基本假定是完全竞争、规模报酬不变和商品是同质的。新古典贸易理论设想,生产和消费分散在不同地区,因此不同地区间的生产结构也是分散的。每个地区专业化生产其具有比较优势的产品,然后通过产业间(Inter – industry)贸易来满足多样化的需求,该理论侧重从供给的角度揭示贸易的基础,认为贸易是单边的。

20世纪60年代以来,世界贸易发生了很大的变化,国际贸易领域的一个重要发现是,经验研究表明,欧共体的产生没有如传统的贸易理论所认为的那样,会导致产业间贸易的增加,反而同一产业的产业内贸易却增加很快。此后,这种产业内贸易现象不断在其他方面得到证实,世界贸易的很大一部分是发生在要素禀赋相似的国家(或产业)之间,产业内贸易大量存在(Intra–industry);而比较利益较多的发达国家与发展中国家之间的贸易较少,即所谓的林达贸易模式(Linder Pattern of Trade,1961)。

产业内贸易是一个国家同时出口和进口属于同一部门的产品,也就是说贸易是双边的。这是新古典贸易理论所不能解释,而需要另外一种理论来解释的贸易现象。维农(Vernon,1966)将产品生命周期在不同国家间的变化作为国家间贸易发生和流向的主要动因。以迪克特和斯蒂格利茨(Dixit & Stiglize,1977)为代表的新贸易理论认为,即使缺少偏好与要素禀赋的差异,也不存在李嘉图所说的比较优势,规模经济、垄断竞争和产品差异化(多样化需求)也可以引起国家或地区之间专业化分工和贸易。

随着研究的深入,产业内贸易和产业间贸易(比较优势和专业化)从对立逐渐走向统一。一方面,这是由于最初经验研究所采用方法的缺点很快得到了校正;另一方面,从起初简单地把产业内贸易和产业间贸易对立、经验研究和理论探索转向分析由于质量差别所引发的贸易流对双边贸易的重要性。由于差别化而引起的产业内贸易也可以分成两部分:水平差别(相似产品)引起的产业内贸易和垂直差别(质量差异)引起的产业内贸易。最具有奠基性的工作是,学者们发现了质量差别导致产业内贸易存在的证据,这彻底改变了最初对于产业内贸易产生的原因、决定因素和测算方法的看法。

这种经验研究发现和传统的贸易专业化理论及相似产品间的产业内贸易理论相矛盾。而且,经验研究还发现,贸易一体化不会产生很大的因资源配置带来的调整成本,这种平滑调整假说很受政策制定者的欢迎,尽管这种假说正受到各种各样的挑战。当多边贸易体制下的贸易自由化越来越复杂并经年悬而未决的时候,有选择地挑选贸易伙伴签署区域自由贸易协定,以快速实现市场进入成为了一个次优选择。

(二) 自由贸易协定的理论争议焦点

尽管贸易理论一致认为自由贸易可以使得资源流向生产效率最高的国家,而且消费者可以为所消费的商品支付更低的价格。但在RTAs情形下,上述认识却不一定成立。这是因为,区域贸易协定的福利效应取决于协定国家是否以邻为壑。人们还担忧的是,世界各国趋之若鹜的区域主义是否会损坏多边贸易体制。因此,目前关于 RTAs 争论的焦点是区别对待(Discrimination)和潜在的贸易转向效应,这两点都对贸易体制有重要的政策含义。

贸易创造效应是贸易存在的基础,也是标准贸易理论的基石。而贸易转向效应无论对贸易协定的参与国还是非参与国都有损害。因此,贸易转向效应的大小既影响签署贸易协定可行性的判断,也影响协定签署后协定国家对外贸易政策。

贸易协定静态效应的理论研究表明,贸易协定有潜在成本,而且政治目标是贸易协定中不可忽视的问题。假定所有的外部政策保持不变,Viner(1950)认为,由于存在贸易转向效应,RTAs 不一定能提高协定成员国的福利。如果外部关税是可以调整的,Kemp 和 Wan(1976)认为,关税同盟的形成不影响外部贸易,因此 FTA 是福利改善。但他们的研究结果在实践中的重要性不足,其原因在于,是否参与 RTA 是一个政治决策过程。福利改善只是政府决策目标集合中的一个。如果政府决策受特定利益集团的影响,政府也可能寻求贸易转向效应的 RTA,正如 Grossman 和 Help(1995)与 Krishma(1998)的研究所表明的那样,当达不到社会福利的愿望时,FTA 可能是政治正确(Freund & Ornelas,2010)。

Magee(2008)等的经验研究表明,尽管在一些贸易协定和部门中,贸易转向效应确实存在,但是,贸易转向效应不是贸易协定中的主要问题。如果签署贸易协定的国家是自然贸易伙伴(Natural Trade Partner),贸易转向效应可能就不存在,贸易创造效应为正;即使存在贸易转向效应,政府也可以通过外部关税调整来应对;而且大量的经验研究文献都证实,无论出于何种目的,一旦国家间缔结成 RTA,外部关税都将会改变。例如,Grossman 和 Help(1994)的研究表明,如果政府在签署贸易协定时存在政治经济动机,调整外部关税更是政府制定贸易政策时优先考虑的问题,尤其是当 RTA 中包含除贸易之外的内容时,如知识产权和劳工标准,调整关税的情况更常见(Limao,2007)。至于是增加关税还是降低关税,取决于 RTA 的类型。与 CUs 相比,在 FTAs 情况下,倾向于降低关税。值得注意的是,RTA 条件下降低外部关税并不意味着 RTA 之外的国家一定能从该 RTA 协定中受益(Freund & Ornelas,2010)。

然而,Grossman 和 Help(1994)等的研究结果是建立在 FTA 建立前后的关税是外生变量且相等的假定下。如果关税在签订 FTA 的前后都受特定利益集团影响,也就是说,关税是内生的,游说集团寻租效应减少对福利下降但政治正确的 FTAs 有严格的制约。

多边主义和区域主义一前一后出现，核心问题是区域主义是否损害多边贸易体制。Freund 和 Ornelas（2010）认为，RTAs 激励 RTA 成员国和非成员国开放市场仅仅是评估区域主义的一个因素。事实上，用单个国家对优惠自由贸易的反应作为信号去评估 RTA 对多边贸易体制的影响不可靠。例如，FTAs 可能使得其成员国削减外部关税的同时，也减弱了这些国家参与更广泛的多边贸易协定的动力。相反，区域主义的兴起可能仅仅是多边主义成功抑或失败的一个反映。

关于区域主义如何影响政府参与多边贸易协定的意愿，理论上有很多重要的见解，但没有结论。经验研究文献多仅限于相关性分析和案例研究，这也不可能得到明确的结论。因此，有些学者把区域主义的兴起看作是多边主义成功的结果，相反，他们从区域主义如何影响多边主义的视角考量多边主义和区域主义的关系。

Freund（2000）研究多边贸易体制下，关税降低对区域贸易自由化的影响。其研究发现，不断深化的多边主义对 RTAs 的形成有促进作用。Freund（2000）得出这一结论是基于内部关税和外部关税的互补效应。如果外部关税低，贸易转向效应小，但是生产者和消费者依然可以分别获得从优惠的市场准入和价格下降中的收益。如果 RTA 是可持续的，受约束的外部关税削减有两个相反的效果：由于关税削减受到限制，这减少了偏离 RTA 的收益，从而使得 RTA 容易维持；但这也减轻了偏离 RTA 的惩罚，由于改变现状损失小，这又使得 RTA 难以维持。假定关税削减是缔结 RTA 中的一个非常重要的内容，多边贸易体制下削减关税变得困难时，前一种效应起主导作用，容易形成并维持 RTA。这可以部分解释 1995 年 WTO 体制建立以来，RTAs 快速繁殖的原因。

然而，Fugazza 和 Nicoud（2009）的研究发现，关税互补效应可能同时起作用。也就是说，与一般人所认为的区域主义和多边主义是替代关系不同，这二者之间是密切的互补关系。

三、双边贸易研究方法与评述

国际贸易的经验研究中广泛运用一系列的统计工具，不仅包括简单的描述性指数，还有复杂的计量经济分析技术。由于较详细贸易数据的可得性逐步增加，这些统计分析方法也不断改进和完善，因而，有关这些分析工具方法论的文献从多个方面迅速增加，Leamer 和 Levinsohn（1995）发表的文章在这方面就有颇多有洞见的讨论。

本节的目的是批判性地讨论那些简单而又广泛运用的统计分析工具。具体来说，仅关注那些用于评价一个国家贸易专业化模式和绩效的描述性指数。这些指数，尽管其公式比较简单，但很可能在运用抑或解释中引起错误的理解。正如 Kunimoto（1975）在描述了各种用于分析双边贸易流指数之间逻辑关系后所评论的那样："很难先验地说某种指数比另一种指数适合研究世界贸易流，因而，指数选择要依所研究的问题而定。"

（一）显示性比较优势指数

随着区域贸易协定规模不断扩大，尤其是被很多国家所乐意接受的双边自由贸易协定的增加，涌现了许多双边自由贸易协定前期可行性研究及事后评价的经验研究文献。从研究方法上看，这些文献仍采用巴拉萨（Balassa，1965）显示性比较优势指数或修正的显示性比较优势指数。但是这些研究对巴拉萨显示性比较优势指数方法的使用条件及其优缺点关注不足，尤其是在国际贸易越来越复杂的今天，很有必要认真考虑这些经验研究方法的长处和缺点，以更好地指导现实。因此，结合农产品贸易研究需要，本部分对显示性比较优势指数方法的应用动态、优缺点、使用中应注意的问题和各种方法之间的逻辑关系做比较分析。

尽管 20 世纪 80 年代出现的新贸易理论从规模经济的视角解释了国际贸易的成因，但在识别双边生产和贸易模式、以更好地利用产品差异或要素禀赋进行专业化生产方面，比较优势依然是主要的分析框架。在经验研究中，对比较优势的定量分析有两个主要发展方向，一是从李嘉图关于比较优势的初始定义出发，运用资源成本（Domestic Resource Cost，DRC）法度量比较优势（Bruno，1965，1972）；二是依据贸易数据所显示的（Revealed）信息，构造指数度量比较优势，广泛运用的是 Balassa（1965）提出的显示性比较优势（Revealed Comparative Advantage，RCA）指数。

DRC 方法是用社会盈利能力衡量比较优势，在农产品比较优势研究中有广泛的应用。在实际研究中，DRC 分析往往与政策分析矩阵（Policy Analysis Matrix）结合起来使用，这是因为，政策分析矩阵的研究结果有明显的政策含义（Monke & Pearson，1989）。值得注意的是，事前的资源成本系数法衡量的是短期

第三章　自由贸易协定签订的依据：方法论角度的评述

动态比较优势，可能与长期的比较优势并不一致。为了防止 DRC 分析对政策制定产生误导，研究者往往结合敏感性分析，模拟不同情形下社会盈利能力的变化，然后由政策制定者自己选择该可行的政策方案。在 DRC 分析中，需要计算影子价格下的生产成本，但实际的成本结构是由市场价格决定，而不是由影子价格来决定。当市场结构扭曲时，DRC 分析的结果与实际情况可能不一致（Cai & Leung，2005），避免这个问题的一个办法是用计量经济学技术估计生产函数，进而计算社会盈利能力。

影响经验研究中使用 DRC 方法的最大障碍是数据的可获得性，比如影子价格（自给自足价格）就很难获得。① 相反，衡量比较优势的另一个方法——显示性比较优势指数——所需要的数据则比较容易获得，因此，经验研究中更多的是用 RCA 方法来测算比较优势。②

尽管 Lieser（1958）是第一个应用贸易后的数据（Post－trade Data）量化比较优势的学者，但是，Balassa（1965）提出，仅建立在出口信息基础上的 RCA 方法至今被广泛应用。Balassa 指数（后文以 BL 代替）可表示为：

$$RCA_{ia} = \left(\frac{X_{ia}}{X_a}\right) \bigg/ \left(\frac{X_{iw}}{X_w}\right) \equiv \left(\frac{X_{ia}}{X_{iw}}\right) \bigg/ \left(\frac{X_a}{X_w}\right) \tag{3-1}$$

式中，X_{ia} 表示特定的 a 国家 i 部门商品出口；X_a 表示 a 国家所有部门出口商品总和；X_{iw} 表示所参照的国家集合（w）i 部门商品的总出口；X_w 表示所参照的国家集合所有部门商品的出口总和。这个等式表示在某一时间 t，某个国家某种商品的出口占所参照国家集合该商品出口的份额（X_{ia}/X_{iw}）与这个国家所有商品

---

① Deadorff（1980）认为，理论上，要识别某个国家的特定产业或产品是否具有比较优势，仅通过观察自给自足价格和自由贸易相对价格之间的相关性就可以得出结论。如果这两个变量是负相关，表明具有比较优势；反之则反是。但相对自给自足价格在贸易后的均衡是不能观察到的变量，为了克服这个困难，经验研究采用间接度量比较优势的 RCA 方法。Deadorff（1984，1994）认为，尽管自给自足价格不能直接观察到，如果在模型结构上做充分考虑，如运用 C－D 生产函数和效用方程等，依然可以通过分析自给自足价格的影响因素，间接考察某个国家特定产业或产品是否具有比较优势。

② Balance 等（1987）把经验研究中度量 RCA 的指数分为两类：一是贸易与生产指数（Trade－cum－Production）；二是贸易指数（Trade－only）。前者运用贸易、国内生产和消费数据度量比较优势；后者仅采用贸易数据计算比较优势，包括 UNIDO（1982）使用的指数和 Dongers 和 Riedel（1977）使用的 D－R 指数。本书的比较优势指数仅指广泛应用的 Balassa 指数（Balassa Index，BI）或显示性比较优势指数。

出口占所参照国家集合商品总出口份额（X_a/X_w）之间的关系。① 也可以解释为，被 X_a/X_w 标准化了的一个国家某种商品的出口占所参照国家集合该商品的出口份额（X_{ia}/X_{iw}）；或从另一个角度理解，假定国家 a 的 i 部门在除了 a 国之外的世界其他国家不具有比较优势（或比较劣势）的情况下，国家 a 的 i 部门实际出口份额（X_{ia}/X_a）与期望出口份额（X_{iw}/X_w）的比值。

式（3-1）中，分子的取值范围为 0（i 部门没有出口）到 1（国际垄断），分母描述 a 国家的经济规模，其取值范围为 0 到 1；BL 指数取值范围是 0 到 X_w/X_a；②当 $X_{ia}/X_{iw} = X_a/X_w$ 时，值为 1。以 1 为分界线，如果 $0 < RCA_{ia} < 1$，表示国家 a 在 i 部门不具有比较优势；当 $1 < RCA_{ia} < (X_w/X_a)$ 时，解释为国家 a 在 i 部门具有显示性比较优势或出口专业化（Export Specialisation）。

如果某个国家在某种产品的出口中具有比较优势，BL 的取值是 1 到无穷大；但如果该国在某种产品的生产上没有比较优势，BL 的取值仅在 0 和 1 之间，这表明，BL 指数具有非对称性。专业化分工模式研究中，BL 指数的非对称性会带来一系列问题。很多学者采用多种技术克服 BL 指数的这个缺点，如 Dalum 等（1988），Hoen 和 Oosterhaven（2006）均提出了对称的 RCA 指数。

Hinloopen 和 Marrewijk（2001）注意到，BL 指数的平均值大于 1。这表明每个国家的"平均部门"皆具有比较优势。举例说，如果只有两个国家 A 和 B，国家 A 的 j 部门出口份额是国家 B 的 j 部门出口份额的 X 倍，当把国家 B 作为参照国家，A 国的 RCA 值为 X；相反，把 A 国作为参照国家，B 国的 RCA 值为 $\frac{1}{X}$，然而，X 与 $\frac{1}{X}$ 的平均值永远大于 1。

BL 指数值在平均值两侧呈非对称分布，这可以从理论上得到解释。在完全产业间贸易的世界里，BL 指数值可能为 0 和无穷大；完全产业间贸易的世界里，BL 指数值接近 1。现实中，仅仅因为部门分类不完全准确，BL 指数值的分布就

---

① Balance 等（1987）把 Balassa 指数表示如下：$RCA_{ia} = \dfrac{X_{ia}}{X_{iw}} \times \dfrac{X_w}{X_a} = \dfrac{X_{ia}}{\dfrac{X_a}{X_w} \cdot X_{iw}} = \dfrac{X_{ia}}{E(X_{iw})}$

假定 a 国家 i 部门商品出口和该国家总出口占世界商品总出口的份额成比例，这里 $E[X_{iw}]$ 表示 a 国家 i 部门的期望出口水平。

② 一般定义 Balassa 的 RCA 指数的取值范围为 0 到 $+\infty$，其实，有效的上限应该是 X_w/X_a，当国家 a 没有出口，即 X_a 趋近 0 时，RCA 指数趋于无穷大（De Benedicts & Tamberi, 2001）。

很可能是平滑连续分布。在两个国家的情形下，BL 指数值的分布形状等同于 X 与 $1/X$ 的期望分布，X 是均等分情况下，BL 指数值的分布形状部分取决于 $1/X$ 的分布，即随着 X 的增加，分布频度缓慢但持续下降（Hoen & Oosterhaven, 2006）。Hinloopen 和 Marrewijk（2001）对欧盟与日本贸易 BL 指数值的经验研究也证实了这一点。

除了在平均值两侧非对称分布外，BL 指数值还对国家数量和部门数量很敏感。同样假定只有 A 和 B 两个国家，如果国家 B 作为参照国家，当且仅当下述条件成立时，国家 A 的 j 部门 BL 指数大于 1：

$$(X_{ia}/X_a) > (X_{ib}/X_b)$$

如果 A 和 B 都作为参照国家，当且仅当下述条件成立时，国家 A 的 j 部门的 BL 指数大于 1：

$$(X_{ia}/X_a) > [(X_{ia} + X_{ib})/(X_a + X_b)]$$

理论上说，在只有两个国家的情形下，如果一个国家某个产业部门的 BL 指数大于 1，那么第二个国家相同产业部门的 BL 指数值一定小于 1。所有国家放在一起考虑，BL 指数值小于 1 的部门数量一定是 50%。然而，Hinloopen 和 Marrewijk（2001）的研究发现，只有 1/3 的 BL 指数值大于 1，这表明，BL 指数值的分布依赖所研究国家的数量。

Hoen 和 Oosterhaven（2006）指出，部门数量也影响 BL 指数的大小与分布。假定任意部门 j 分成两个亚部门：i 和 k。纯粹巧合情况下，$RCA_i = RCA_j = RCA_k$，其他情况下，要么 $RCA_i > RCA_j > RCA_k$，要么 $RCA_k > RCA_j > RCA_i$。因此，部门分类越细，BL 指数上限最大值保持不变或变大，下限最小值保持不变或变小。更一般地说，部门越细分，部门的出口份额越小，在这种情况下，式（3 - 1）的分母变得越小，这相当于给分子一个加乘。因而，与加总部门的 BL 指数值相比，较细分部门的 BL 指数值很可能出现较多的极值。正如前文所指出的，X 值越大，X 和 $1/X$ 平均值越大，所以，较细分的部门分类很可能导致较大的平均值和较高的最大值。

由于 BL 指数分布对所研究国家的数量及部门数量都比较敏感，因而，从理论上得出 BL 指数分布是极其困难的，但也不是不可能，这使得 BL 指数值的解释相当复杂。实际上，BL 不稳定的均值也大于期望的平均值 1，这表明，BL 指数的解释不具有说服力。造成这些问题的根源在于 BL 指数的乘数特征。

一般来说，BL 指数可以从三个角度进行解释（Balance et al., 1987），最常见的解释，第一，RCA 指数提供了一个分界线，即某些国家在某个部门显示出比较优势而另外的国家却没有。第二，RCA 指数衡量相对于其他国家（或国家集合），某个国家特定部门享有的比较优势程度。第三，根据 RCA 指数数值，可以给不同国家的同一个部门和同一个国家的不同部门分类与排序。即 Balassa 的 RCA 指数的三种解释分别是：分界线（Dichotomous）、基数（Caidinal）和序数（Ordinal）。

Balance 等（1987）研究了不同测算 RCA 指数之间三种解释的一致性问题。研究发现，作为分界线，不同指数之间测算的结果相一致；作为基数，不同指数计算出的结果有很大的差异。因而作者建议，从基数角度使用 RCA 指数的时候，研究结果对指数的选取很敏感，指数构建应严格从比较优势理论出发，而不是采用探索性的方法。作为序数，存在很大争议。BL 指数用于同一个国家两个不同部门之间比较优势排序、比较及两个国家同一部门比较优势排序、比较不存在疑义，但用于多国家和多部门比较则存在很大的不确定性，其解释也是国际贸易理论的一个热点问题。

Yeats（1985）的经验研究发现，应用 BL 指数方法度量不同国家同一个产业的比较优势和同一个国家不同产业的比较优势时，经验研究结果和实际情况不一致，BL 指数既不能从基数角度分析，也不能从序数角度解释。如果没有研究某个国家所有产业的 RCA 指数分布，应用传统的国家—产业研究方法不能真正揭示一个国家真实的比较优势。同时，Yeats 还认为，BL 指数也许不能作为二分法的分界线。这是因为，随机或周期性因素会影响出口统计，而计算出的 BL 指数是某个时点的数值，并不能反映随机或周期性因素对出口的可能影响及影响程度。①

如果能依据某个标准给商品排序——比较优势链，这对预测贸易模式将非常有用。在这个意义上，每个国家出口产品的排序一定比其进口商品的排序高。Deardoff（1979）的理论研究表明，在要素价格均等化、贸易阻碍因素及中间产品投入扭曲情况下，要对商品的比较优势排序或预测贸易模式是不可能的。如果能根据附加值对产业进行重新定义，并且中间投入品没有扭曲，同一国家不同产业的商品自给自足价格和贸易流之间仍存在相关关系，但不同国家的相同产业之

---

① 如果 RCA 指数为 1 表示某个国家的某个产业处于中间位置（既没有比较优势也没有比较劣势），问题的关键是，RCA 指数值偏离 1 多远，我们可以肯定地说这个结果是有意义的，而不是由于随机因素造成的。指数的置信区间可能太大了，以至于小于 1 的指数数值都落在了这个区间里（Yeats，1985）。

间的相关关系并不存在。①

比较 Yeats（1985）的经验研究和 Deardoff（1979）的理论探讨发现，二者都认为 RCA 指数不适用于不同国家同一产业的比较优势分析。沿着 Balance 和 Murray（1987）的思路，Webster（1990）用 1984 年英国的投入产出数据检验了 Deardoff（1979）的理论分析是否与实际计算结果一致的问题。研究发现，最终商品的贸易扭曲行为对出口与生产指数（X/P）、净贸易指数$\left(\dfrac{X-M}{X+M}\right)$的解释能力没产生显著的影响；但是净贸易份额指数$\left(\dfrac{X_i}{X}\bigg/\dfrac{M_i}{M}\right)$易受贸易扭曲行为的影响。如果存在中间投入品扭曲，从基数角度使用的时候，中间产品贸易扭曲行为对这三个指数不会带来严重的后果；作为序数使用时，中间投入品关税对指数有不可忽视的影响。②

Yeats（1998）认为，Balassa 构建的 RCA 指数适用于加工业和制造业。因为存在刺激出口和贸易壁垒等扭曲农产品或初级产品贸易的因素，这使得 BL 指数很难识别一个国家是否真正有比较优势。

显示性比较优势是一种事后分析方法，根据贸易统计数据，用"显示"出来的比较优势推断一个国家的实际比较优势。然而，由于制度现实和理论假定之间不一致，RCA 方法的许多假定都受到了挑战，如政策或其他贸易扭曲行为——补贴——的存在，从 RCA 指数观察出的比较优势并不能揭示真实的比较优势（Balassa，1965）。而且，RCA 指数要求，已有的贸易壁垒对同种商品的不同供应商不存在歧视，但双边或多边自由贸易协定、自愿出口限制协定等政策措施则存在明显的歧视。RCA 方法的另一个缺点是，它不如 DRC 方法那样有很强的政策含义。一个国家在某种产品贸易上的 RCA 指数值较大，说明这个国家在这种产品的生产上投入了较多的资源，但并不清楚这种较高的专业化模式是不是最优水平；相反，RCA 指数值较小也并不能反映是否充分利用了比较优势。如果

---

① 一些贸易理论模型认为，由于现实世界存在各种各样扭曲贸易行为的存在，现在测算比较优势的技术也许不能真正地度量比较优势。如 Deardoff（1980）的研究发现，自给自足价格和实际贸易流之间仅存在相关关系，而不是直接决定关系。但这并不能认为应该放弃赫克歇尔—俄林（Heckscher - Ohlin）的理论或比较优势理论。许多学者从这个角度进行了研究，如 Vanek（1968）提出的贸易品要素含量（Factor Content of Trade）概念，即 HOV 定理，对 HO 模型进行了拓展。

② Webster（1990）研究认为，中间投入品扭曲对 RCA 指数的影响取决于中间产品的附加值占最终产品的份额。发展中国家的许多产业从中间产品到最终产品只经过简单的加工，附加值较低，政策干预会影响中间投入品价格，进而对 RCA 指数也会产生很大的影响。

要考察真实的比较优势,可以分析专业化模式的时序数据。尽管如此,RCA方法提供了一个国家间专业化模式的系统分析框架,依然有非常广泛的应用。

值得注意的是,仅凭单个产业或产品的RCA值无法综合评判一个国家在国际贸易中的地位。即便两个国家的出口专业化水平相同,如果这两个国家的进口依赖度不同,其比较优势也很可能差异较大。而且,经济理论也没有对诸如BL指数之类的单向贸易流指数给予明确的支持(Bowen,1983)。因此,有些学者试图构建同时包括进口和出口的贸易平衡指数度量比较优势(Vollrath,1991;Iapadre,2001)。

经验研究中,特别是用较细分水平贸易数据的实证研究中,那些包括进口和出口数据的标准化贸易平衡指数往往被解释为国家在贸易分工中的专业化水平,且与BL指数具有同等的含义。Iapadre(2001)认为,标准化的贸易平衡指数更准确的含义应该是贸易绩效(Performance),而不是专业化水平。① 产品或产业层次的专业化分工与国家水平贸易绩效的深入讨论引发了产业内贸易理论及其测算方法的广泛研究。

(二)产业内贸易指数

1. 产业内贸易与理论解释

20世纪60年代,Verdoorn(1960)、Balassa(1963,1966)和Grubel(1967)研究了西欧经济一体化增强对贸易的影响。他们的研究发现很让人惊讶,经济一体化带来的贸易增加主要是产业内贸易而不是制成品的产业间贸易。这种同一类型国家——如发达国家和发达国家——之间产业内贸易增加的贸易模式使得基于比较优势概念、传统的新古典贸易理论所不能解释。传统的贸易理论认为,贸易模式取决于贸易伙伴国家间的资源禀赋,如果真是如此,欧洲经济一体化带来的贸易增加应该以产业间贸易为主。因而,同一产业出口和进口同时发生的贸易现象需要新的理论去解释,同时也需要寻找适当的经验研究方法。

从文献看,理论研究方面主要关注的是产业内贸易存在和发展原因的解释;经验研究方面,除讨论产业内贸易的度量方法外,更重要的是识别产业内贸易的决定因素。

---

① Iapadre(2001)认为,没能严格区分专业化和贸易绩效的概念是引起国际贸易经验研究中一个结果存在多种解释,并引发歧义的主要根源之一。

对同类型国家间存在产业内贸易的原因,广泛接受的解释是垄断竞争和规模报酬递增。因而,先前的比较优势理论仍能在很大程度上解释为什么同种类型国家之间存在产业内贸易,如这可能因为相同类型国家间存在产品差异、要素禀赋差异及技术水平差异等。产品差异分为水平差异和垂直差异。水平差异是指消费者的消费产品多样化。随着市场范围扩大,国际贸易可能引起产品差异化增多,实现规模经济,因此,经济距离增加了产业内贸易,降低了产业间贸易。如果产品质量和价格存在差异,就称作产品垂直差异。产品差异化的这种区分使得国家之间的经济距离不仅是基于比较优势的专业化生产基础,也是产业间基于质量范围的专业化生产基础。

把两类产品差异纳入不完全竞争模型,先要在产品质量中做选择,然后在每种质量水平下选择商品种类,由此产生了最核心的结果:不同类型国家在产品垂直差异化下从事产业内贸易,而类似国家在产品水平差异化下从事产业内贸易。

在经验研究方面,两个没有解决的问题严重削弱了产业内贸易经验研究结果的说服力:一是缺乏恰当的方法度量产业内贸易;二是如何定义产业及在什么样的细分水平下可以更好地观察到产业内贸易现象。上述两个问题往往交织在一起。

2. 产业内贸易的经验研究方法

如前文所讨论的那样,在比较优势测算中,基于进口和出口不平衡程度测算所构建的标准化贸易平衡指数,也常用来衡量产业间和产业内贸易程度。如果贸易平衡指数趋于零,同种产品的出口和进口趋于相等,这表明可能存在相当程度的产业内贸易现象。然而,直到20世纪70年代,因Grubel和Lloyd(1975)对Balassa(1966)方法的质疑,产业内贸易度量问题才引起广泛讨论。

Balassa(1966)最早开始测算产业内贸易水平,其构建的产业内贸易水平测算公式如下:

$$BL_i = \frac{|X_i - M_i|}{X_i + M_i} \tag{3-2}$$

式中,BL_i 为产业 i 的产业内贸易指数;X_i 和 M_i 分别为 i 产业的出口额和进口额。①

如果测算整体产业内贸易程度,Balassa(1966)把每个产业进出口额所占的

---

① Balance 等(1987)用该指数测算比较优势。实际上该指数并不能用来测算比较优势。因为该指数仅关注单个商品,并没有满足比较优势原则内在的对比尺度,而且,该指数并不能明确揭示产业内贸易增加对贸易和福利的影响(Vollrath,1991)。

权重看作是相等的,得出如下计算公式:

$$BL_i = \frac{1}{n} \sum_{i=1}^{n} \frac{|X_i - M_i|}{X_i + M_i} \quad (3-3)$$

格鲁贝尔和劳埃德(Grubel & Lloyd,1971,1975)认为,式(3-3)忽视了各个产业在整体贸易中重要程度的差异,即该指数没有考虑每个产业的权重;而且这种计算方法也没有考虑整体贸易不平衡对式(3-3)中 BL 指数的影响。

尽管不完全竞争框架下的贸易模型日益复杂,大量的经验研究文献仍然使用 Grubel 和 Lloyd(1971,1975)提出的产业内贸易指数(简称 GL 指数)度量产业内贸易程度。该指数定义国家 j 在 i 类产品上的产业内贸易为:

$$GL_{ij} = \frac{X_i + M_i - |X_i - M_i|}{X_i + M_i} = 1 - \frac{|X_i - M_i|}{X_i + M_i} \quad (3-4)$$

式中,X_i 表示国家 j 在 i 类产品中的出口,M_i 表示国家 j 在 i 类产品中的进口。Grubel 和 Lloyd 认为,总贸易额可以分为产业内贸易和产业间贸易两部分,产业内贸易额等于全部贸易额减去产业间贸易额。式(3-4)中,$X_i + M_i$ 表示总贸易额,$|X_i - M_i|$ 是产业间贸易额,产业内贸易额就是总贸易额减去产业间贸易额。GL 指数就是产业内贸易额占总贸易额的比重。① 这个指数的取值范围在 0 至 1 之间,GL 指数取值越高,贸易类型越接近克鲁格曼的垄断竞争模型。当某个产业的进口与出口相等,该指数就是 1;当某个产业只有进口没有出口或者只有出口没有进口,那么该指数就是 0。

GL 指数没有考虑到经济体细分部门的贸易盈余或赤字所造成的贸易不平衡。如果仅用 GL 指数计算加总或细分部门单个产业的产业内贸易指数,不会有问题,如果要比较不同细分水平的产业内贸易指数值大小,GL 指数就会带来严重的问题。这是因为,GL 指数算式中分子的第二项是净贸易的绝对值,这一点会在下文详细讨论。

加总层面的产业内贸易定义为式(3-4)的加权平均,权重是基于产业 i 在总贸易额中的份额,加总层面的产业内贸易指数为:

$$GL_{iT} = \sum_{i=1}^{n} \left(\frac{X_i + M_i}{X + M} \right) GL_{ij} = \frac{\sum_{i=1}^{n} [(X_i + M_i) - |X_i - M_i|]}{\sum_{i=1}^{n} (X_i + M_i)}$$

上式又可以变为:

---

① 这里的 GL 指数与 BL 提出的贸易平衡指数互补。

$$GL_{iT} = 1 - \sum |X_i - M_i| \Big/ \sum (X_i + M_i) \qquad (3-5)$$

式中，GL_{iT} 指数度量的是产业内贸易的相对程度，而不是产业内贸易的绝对量。但在实际应用中，产业内贸易指数被不加区分地在两个方面应用。Ranjan（1996）认为，因为 GL 指数不能准确反映产业内贸易水平，所以很有必要区分产业内贸易水平（Level）和产业内贸易程度（Degree）。①

GL 指数实质上度量的是出口和进口在总体贸易中的重叠程度。如果我们想要衡量贸易重叠程度，GL 指数是有效的。然而该指数在经验研究中总是不能被正确使用，因而导致有偏的结果。一般来说，总体贸易不平衡性越大，该指数就越向下偏斜（Aquino，1978；Vona，1991）。这种有偏结果主要是由不正确的区域加总或产业部门加总而造成贸易不平衡所带来的，也就是说，不正确的加总分为区域偏斜和部门偏斜两类。②

地理有偏起因于不同的贸易伙伴间在计算前被放在一起。极端的例子是，计算一个国家和世界所有其他国家间的产业内贸易水平。由于贸易伙伴变化，同一产品分类目录下相同项目的产业间贸易流加总时，特定产品的贸易平衡符号可能会改变，这很可能得出存在产业内贸易的结论。因此，在经验研究中应该在严格双边偏斜下讨论是否存在产业内贸易。

同样地，部门偏斜起因于商品贸易分类中不完全加总。详细的商品分类术语说明越少，越多的产品被加总成一个产业，该被加总的产业很可能就成了产业内贸易。Gray（1979）注意到，源于相反符号效应和权重效应的部门加总有偏取决于细分部门贸易不平衡程度。

理论上说，GL 指数取值在 0 到 1 之间。然而，只要存在贸易不平衡，双边贸易就不可能完全呈现产业内贸易特征，即不能得到最大值 1，这是因为每个产业的出口和进口都不是对称的。鉴于 GL 指数的这个缺陷，Grubel 和 Lloyd（1975）提出了一个新的指数（$\overline{GL_{iT}}$）以矫正贸易不平衡带来的有偏结果，计算公式如下：

---

① Ranjan（1996）认为，GL 指数不能准确地反映产业内贸易水平的原因是存在贸易不平衡。Nilsson（1997）认为，经济总量不同国家间产业内贸易水平相比较也是造成 GL 指数不能反映产业内贸易实际水平的原因之一。

② Fontagné 和 Freudenberg（1997）对这个问题进行了深入的讨论。

$$\overline{GL_{iT}} = \frac{\sum_{i=1}^{n}(X_i + M_i) - \sum_{i=1}^{n}|X_i - M_i|}{\sum_{i=1}^{n}(X_i + M_i) - |\sum_{i=1}^{n}X_i - \sum_{i=1}^{n}M_i|} \qquad (3-6)$$

式（3-6）的分母是式（3-5）的分母减去 $|\sum_{i=1}^{n}X_i - \sum_{i=1}^{n}M_i|$，因此，$\overline{GL_{iT}}$ 大于 GL_{iT}。Grubel 和 Lloyd（1975）认为，对单个国家而言，如果双边贸易不平衡大于出口和进口的加总，这种调整会带来根本的不同。

Aquino（1978）认为 Grubel 和 Lloyd（1975）的矫正依然没有解决 GL 指数固有的缺陷。这是因为，如果 GL 指数低估了国家层面的产业内贸易水平，其也必然低估产业层面的产业内贸易水平，也就是说，即使在最细分水平的数据上，GL 指数依然会低估产业内贸易水平。Aquino（1978）从最基本的出口和进口理论出发，试图对产品进出口数据进行修正，并提出了一个在产品水平上就能矫正贸易不平衡问题的产业内贸易测度指数。

假定总体贸易不平衡对所有产业的影响相同。如果某个产业内所有产品的进口额和出口额分别用 X_i 和 M_i 表示，总出口额等于总进口额。Aquino（1978）认为，可以利用产业水平的出口和进口理论值模拟贸易平衡。出口和进口的理论值表示如下：

$$X_{ij}^e = X_i \frac{\sum_{i=1}^{n}(X_i + M_i)}{2\sum_{i=1}^{n}X_i}, M_{ij}^e = M_i \frac{\sum_{i=1}^{n}(X_i + M_i)}{2\sum_{i=1}^{n}M_i}$$

$$\sum_{i=1}^{n}X_i^e = \sum_{i=1}^{n}M_i^e = \frac{1}{2}\sum_{i=1}^{n}(X_i + M_j) \qquad (3-7)$$

式中，X_{ij}^e 和 M_{ij}^e 分别表示总贸易平衡时 j 国 i 产业的理论进口额和出口额。式（3-7）中进出口额的理论值可以应用到式（3-4）和式（3-5）中，替代 $|X_i - M_i|$ 产业间贸易额部分，从而得到相应产业水平与加总水平的 Aquino（1978）产业内贸易指数（简称 AQ 指数）。加总水平的 AQ 指数为：

$$AQ_{ij} = \frac{\sum_{i=1}^{n}(X_i + M_i) - \sum_{i=1}^{n}|X_i^e - M_i^e|}{\sum_{i=1}^{n}(X_i + M_i)} \qquad (3-8)$$

式（3-8）经整理后可以得到：

$$AQ_{ij} = 1 - \frac{1}{2}\sum_{i=1}^{n}\left|\frac{X_i}{\sum_{i=1}^{n}X_i} - \frac{M_i}{\sum_{i=1}^{n}M_i}\right| \qquad (3-9)$$

式中，AQ_{ij} 的值介于 0 和 1 之间，如果所有产业在总进口和总出口中的权重相同，AQ_{ij} 为 1；如果进口和出口分别集中在不同的产业或产品，AQ_{ij} 的值则趋于 0。

当 X_i 与 M_i 相等时，经过式 (3-7) 的处理，贸易重叠度下降，这避免了 GL 指数的缺点。Aquino (1978) 认为，AQ 指数即可以有效修正贸易失衡，还可以避免对 $\sum_{i=1}^{n}|X_i-M_i|$ 的依赖，即避免贸易重叠。这是因为 $\sum_{i=1}^{n}|X_i-M_i|$ 存在数据加总偏差，也就是说，$\sum_{i=1}^{n}X_i - \sum_{i=1}^{n}M_i = 0$，但是 $\sum_{i=1}^{n}|X_i-M_i|$ 可能远远大于零。涉及的产业越多，数据加总对产业内贸易指数的扭曲可能越严重。

然而，当 X_i 与 M_i 相等但总体贸易不平衡时，AQ_i 的值小于 GL_i 的值。这表明 AQ 指数依然没有解决 GL 指数存在的低估产业内贸易水平的问题。① Vona (1991) 通过例子证明，较 GL 指数，AQ 指数也可能高估产业内贸易水平。

式 (3-9) 与 Michaely (1962) 提出的贸易集中度指数完全相同，Michaely 指数常用来计算产业水平的贸易相似度或贸易集中度，而不是贸易重叠度。根据式 (3-9)，无论贸易的规模如何变化，只要所考察产业的出口占总出口的份额及其进口占总进口的份额不变，AQ 指数的值就不变。因而，虽然 Aquino (1978) 提出的方法在一定程度上减少了 GL 指数中贸易重叠的缺陷，避免了贸易不平衡对 GL 指数的影响，但是这个指数与贸易模式的关联不大 (Vona, 1991)。

Greenway 和 Milner (1981) 拒绝了 Aquino (1978) 提出的"总体贸易不平衡对所有产业影响相同"的假定。Greenway 和 Milner 认为，很难通过可信的微观层面数据识别宏观经济效应，具体的产业特征 (Industry Specific) 因素是观察得到的事实，不可以消除。而且，Aquino 以多边贸易的制成品为基础矫正贸易不平衡，实际上，没有证据表明制成品贸易平衡就意味着总体贸易平衡。

Balassa (1979, 1986) 运用了 Aquino (1978) 的矫正方法，但是其允许初级产品和制成品产业间贸易，而不是像 Aquino 那样，通过矫正而实现制成品贸易平衡。Balassa (1979) 断言，采用 Aquino 矫正会高估产业内贸易水平。Balassa (1979) 的矫正是，产业层面的商品进口额 M_i 和出口额 X_i 分别乘以所有商品的进口 M 和出口 X，即

---

① Aquino (1978) 对 GL 指数的评论是"因为 GL 指数在相应的产业层面上测算产业内贸易水平时就是低估的，所以 GL 指数会低估加总水平的产业内贸易程度"。

$$X_i^b = X_i \frac{(X+M)}{2X}, \quad M_i^b = M_i \frac{(X+M)}{2M}$$

Balassa 矫正的特征是，没有平衡初级产品和制成品贸易，而且矫正后可使某一类初级产品和制成品贸易平衡且符号相反。

与 Balassa 的想法一致，Berstrand（1983）也认为，总体贸易不平衡是商品贸易不平衡的结果。Berstrand 提出，利用迭代方法调整较细分水平的双边贸易量，以使得它们与多边加总贸易平衡相一致。

上述讨论是仅考虑贸易不平衡需要矫正。除此之外，产业内贸易度量中还存在分类加总（Categorical Aggregation）造成的产业内贸易假象问题，如按特定的统计类别对经济活动进行了不恰当归类，然后在一定的加总水平上测算产业内贸易水平。因为 SITC 分类体系或国家的特定产业分类标准中，没有单独某个水平的加总恰好与相应的产业完全对应，所以，分类加总问题使得产业内贸易度量变得相当复杂。一些学者认为三位水平的加总可以代表一个产业。基于此，Finger（1975）认为产业内贸易只是一个统计现象（Statistical Phenomenon）。

式（3-5）的加总水平的产业内贸易指数 GL_{iT} 表明，GL 的值依赖加总水平。在 SITC 体系中，三位分类码代表一个产业 i，这表明在此水平上，不同统计组的投入需求量有差别。如果 i 代表一个产业，那么在更细分的 $i-1$ 产业水平上，其要素需求比率和 i 不同，如果把这些细分水平的产业加总，会造成扭曲。Finger（1975）也认为，给定三位代码产业分类下的细分部门，要素需求必然各不相同。这种情况下，较大的 GL 值毫无意义，这是因为，较大的指数值可能与赫克歇尔—俄林的贸易理论一致。

许多学者尝试建立特定水平的分类加总或调整 GL 指数以解决分类加总造成的产业内贸易度量假象。依据式（3-5）定义的加总层面的产业内贸易指数为：

$$GL_{iT} = \frac{\sum_{i=1}^{n}\left[(X_i + M_i) - |X_i - M_i|\right]}{\sum_{i=1}^{n}(X_i + M_i)}$$

这里，GL_{iT} 的值取决于加总的水平。如果更细地定义产业 $i-1$，$(X_i + M_i)$ 没有变化，但是：

$$\sum_{i=1}^{n}|X_i - M_i| \geq \sum |X_{i-1} - M_{i-1}|$$

这里，$i-1$ 是产业 i 的亚类。如果存在相反符号的产业不平衡，在更细分水平上定义产业而得到的产业内贸易指数值会偏小。

Greenway 和 Milner（1985）提出了一个调整的 GL 指数（称作 GM 指数），试图解决分类加总问题。他们先计算每一个细分部门的产业内贸易额，然后把得到的产业内贸易额除以细分部门的贸易总量——相当于给每个细分部门赋予相同的权重，这样，GM 指数为：

$$GM_i = \left[1 - \frac{\sum |X_{iK} - M_{iK}|}{\sum (X_{iK} + M_{iK})|}\right]$$

这里，K 是 i 产业的子部门或细分部门。如果在加总层面进行标准化——产业内贸易额除以总贸易额，那么，这里的 GM 指数与式（3-5）的 GL 指数相等。

然而，这仍然没有解决如何定义产业和解释指数值的标准两个关键问题，而且，多大的指数值代表显著也没有被提及。除非把单独的一个产品定义为一个产业，否则 GM 指数的值总是大于零。

尽管很多学者都同意，在 SITC 统计体系中，三位代码水平可以大致代表一个产业，然而，寻找产业内贸易的证据及计量经济分析中，常常用两位代码或更细分水平上的数据。Vona（1990）评论，产业内贸易理论概念与贸易重叠的经验分析之间的联系已经断裂。换句话说，新构造的产业内贸易指数是测算贸易相似度，正如 Aquino 构造的指数所表明的那样。因此，那些试图克服 GL 指数缺点而构造的指数并不是测算产业内贸易的理想指标，与其如此，还不如就使用 GL 指数测算产业内贸易水平。也正因为如此，许多经济学家仍然倾向于使用没有调整的 GL 指数。

以上讨论充分说明，GL 指数需谨慎解释。因为 GL 指数值随数据加总水平上升而增加，也就是说，在更细分水平的计算时 GL 取值更低，所以不同加总水平的 GL 值无法直接比较。值得注意的是，除非在极其细分的层次上进行计算，GL 指数可能含有垂直贸易，这一现象与产品趋同和垄断竞争毫无关系（张磊等，2013）。

GL 指数反映特定时期某类产品和某一产业整体内贸易水平，是一个静态指标。但从贸易模式变化看，结构调整对研究一国的贸易发展也非常重要。如果要反映某一段时间内贸易增量变化的贸易模式，就需要用边际产业内贸易（Brülhart，1994）概念衡量这种产业内贸易的动态变化。总体来看，产业内贸易理论发展推动了产业内贸易度量沿着两个方向展开：一是完善产业内贸易指数，使其可以更精确地度量边际产业内贸易（Marginal Intra-Industry Trade）；二是调整产业内贸易度量方法，使其可以把水平产业内贸易和垂直产业内贸易分解开（Thom & McDowell，1999）。限于篇幅，本书不再展开讨论。

（三）贸易集中度指数

为什么国家 X 与国家 Y 之间的贸易比国家 X 与国家 Z 之间的贸易要多？国家间的贸易流（Trade Flow）是由什么决定的？这其实是个贸易理论问题。传统的贸易理论认为，国家之间的贸易取决于国家间比较优势结构的差异，然而，比较优势和它的决定因素仅能解释贸易的方向而不能解释贸易的数量。

虽然至今这一问题也不能从李嘉图和赫克歇尔—俄林的理论中得到完全满意的解释，但从贸易数据入手的实证研究多年来不断做出努力。① 早期对贸易决定因素的研究主要关注贸易和距离的关系，尽管贸易和距离之间的精确关系至今仍存在争议。已经形成的共识是，距离对贸易集中度有重要的影响（Beckerman，1956；Linneman，1969）。除距离之外，经济体大小、要素禀赋、是否签订了贸易协定及政治关系等因素都对国家间的贸易总量有影响（Warner & Kreinin，1983；Srivastava & Green，1986）。

实证研究中有两种常用方法考察双边贸易流的决定因素，即引力模型（Gravity Model）和贸易集中度指数（Trade Intensity Index）。② 引力模型认为，两个国家之间的贸易取决于出口国和进口国的国民生产总值（General National Products，GNP）与两国之间的距离。出口国的国民生产总值反映供给能力大小；进口国的国民生产总值反映该国的总需求。这两个变量反映贸易潜力。如果进口国或出口国的国民生产总值增加，这两个国家之间的贸易量就会增加。两个国家之间的距离反映贸易阻力。③ 如果两个贸易国家之间的经济距离——用运输成本表示——增加，那么这两个国家之间的贸易量就会减少。

---

① "二战"后，工业化国家关税削减，加上欧洲和其他国家自由贸易协定的建立，都导致了世界贸易量的显著增长。前文讨论的产业内贸易度量及这里讨论的贸易集中度测算都是在这之后兴起的。

② 引力模型由丁伯根（Tinbergen，1962）最早使用。他试图使用引力模型，从贸易潜力和贸易阻力两方面解释双边贸易水平。

③ Anderson 和 Wincoop（2001）把影响贸易流的贸易成本或壁垒（阻力）分为边界成本和非边界成本。边界成本包括语言、文化差异、关税、规制措施及一个国家特有的影响贸易的其他社会政治因素。非边界成本大多与距离、运输模式和其他地理因素有关。Linnemann（1966）在 Tinbergen（1962）的研究中引入了反映贸易潜力和贸易阻力的其他变量，其中最重要的是贸易互补性变量。其研究结果表明，由于距离造成的低贸易水平可能是由运输成本之外的其他因素造成的。这说明，运输成本不一定是距离的最优代理变量。

在很长一段时间里，研究者多采用引力模型，而不是贸易集中度指数分析双边贸易流。直到 Drysdale 和 Garnaut（1982）的文章发表之后，贸易集中度指数才被广泛用于区域间或区域内贸易流的研究。比如，Hill（1985）就应用该指数分析了澳大利亚和菲律宾 1962~1981 年的贸易流；Zhang（1997）应用该模型研究了中国和日本在 1965~1993 年的贸易关系；Bhattacharya 和 Bhattacharyay（2007）应用该指数分析了中国和印度的贸易发展潜力。

尽管引力模型应用非常广泛，但贸易潜力和贸易阻力对贸易水平的影响不是独立的，把这两个因素同时放在引力模型中，很难厘清贸易阻力与双边贸易流之间的关系（Drysdale & Garnaut，1982）。①

与引力模型不同，贸易集中度指数并不试图解释国家间的进口或出口贸易，它假定国家间的贸易是给定的，并抽取了引力模型中剔除的对贸易潜力有影响的变量或随机项。贸易集中度指数试图度量和解释——如果所有的路径贸易阻力相等，偏离双边贸易流可能的收益。或者说，贸易集中度指数主要用来分析实际贸易量和用引力模型估计的贸易量——贸易潜力——之间的差异，它所关注的是贸易阻力差异对双边贸易流的影响。

贸易集中度依据现有贸易流量度量——所考察区域内各国之间的相互贸易相对于区域外其他国家贸易——相对集中程度，从而提供区域一体化协议对潜在福利影响的信息。区域贸易协定评估的第一步往往是测算协定成员国之间的实际贸易集中度，但贸易集中度的经验研究结果严重受制于所选择的统计指数。区域贸易集中度或区域贸易份额这些简单的指数存在许多缺陷，既不适于用这些指数评价单个区域的贸易一体化动态，也不适于把不同区域的指数值拿来比较。在这一部分中，我们分析贸易集中度指数存在的缺陷及可能的解决方案。

在区域贸易集中度测算中，如何定义区域贸易份额是关键问题之一。文献多依照自然、政治或经济地理标准把不同国家分为不同的区域。如果贸易伙伴属于相同的地区，那么这些贸易伙伴间的贸易量就属于区域内（Intra-regional）贸易；反之则反是。区域内贸易份额（Regional Trade Share，RS）的计算方法如下：

$$RS_i = \frac{T_{ir}}{T_i} \qquad (3-10)$$

---

① 除此之外，引力模型估计时采用的对数模型形式也会造成有偏的估计结果（Helpman et al.，2008）。

式中，T_{ir}表示区域i内国家间的贸易量（出口加进口）；T_i表示区域i总的贸易量。

经验研究中，区域内贸易份额常用来测算区域一体化的贸易效应。然而，区域内贸易份额方法内在的缺陷制约了其在区域间比较分析及时间序列分析中的应用。

每个区域的国家数目和经济量的差异可能导致区域内贸易份额的值有偏。因此，当该值被用于区域间比较时，很可能会误导（Anderson & Norheim，1993）。之所以产生误导，有如下两个方面的原因：

第一，假定区域范围是一定的，那么这些区域的贸易总量不变。区域范围内的国家数越多，区域内贸易总量越大，因而区域内的贸易份额就越高。在评价涉及多个国家间的区域贸易协定绩效的时候，这种由国家加总而引起的有偏估计问题尤其值得注意，如 EU（欧盟）、ASEAN（东盟）与 MERCOSUR（南锥共同体）等。①

第二，如果参与区域贸易协定的一个国家比其他国家重要，这很可能引起贸易流有方向性，不符合地理中性假设。② 基于地理中性标准，参与区域贸易协定国家数一定的情况下，区域贸易份额和区域的大小正相关。即使假定参与协定的每个国家的贸易都是地理中性，较大区域的贸易份额也较大，而这与贸易集中度并没有关系（Iapadre，2004）。也就是说，区域内贸易份额的增加并不一定表示该区域内的贸易真正增加了，这很可能仅仅是区域规模扩大的结果。

为了克服上述贸易份额方法的缺陷，贸易集中度指数（Trade Intensity Index，TI）是另一个常用的测算工具。该指数最初由 Brown（1947）提出。布朗（Brown，1947）利用该指数试图回答两个问题：第一，一个国家（或区域）对国际贸易依赖程度有多大？第二，该国家（或区域）依赖这种贸易模式的障碍是什么？库济莫（Kojima，1964）运用 TI 指数研究欧共体市场贸易模式时，对该指数进行了完善。

Kojima（1964）定义的国家i向国家j出口的贸易集中度指数为：③

---

① Frankel 和 Wei（1996）对这一问题做了详细讨论。
② 地理中性（Geographic Neutrality）定义为贸易没有地理方向的偏好，或地理专业化（Geographic Specialization）。如果参与区域贸易协定的每个国家在世界贸易中具有相等的权重，那么区域贸易的地理分布就是中性的。
③ Kunimoto（1977）应用列联表分析方法提出了 11 种贸易集中度指数，并讨论了这些指数的意义及这些指数与之前其他学者所用指数之间的关系。

第三章 自由贸易协定签订的依据：方法论角度的评述

$$TI_{ij} = \frac{i\text{向}j\text{的出口或}j\text{从}i\text{的进口}}{i\text{的总出口}}\left(\text{表示为}\frac{X_{ij}}{X_{i.}}\text{或}\frac{M_{ij}}{X_{i.}}\right) \div \frac{j\text{的总进口}}{\text{世界总进口减}i\text{的总进口}}$$

$$\left(\text{表示为}\frac{M_{.j}}{W-M_{.i}}\right) \times 100 \qquad (3-11)$$

式中，$M_{.j}/(W-M_{.i})$ 表示国家 j 相对于世界进口的购买能力（或需求）；$X_{ij}/X_{i.}$（或者 $M_{ij}/X_{i.}$）表示国家 i 向国家 j 的出口集中度（或者国家 j 从国家 i 的进口集中度）；TI_{ij} 值为 100 表明国家 i 向国家 j 的出口与 j 的相对购买能力一致。TI_{ij} 值大于（或小于）100 表明国家 i 与国家 j 之间的贸易密集度比国家 i 与其他国家间的贸易密集度要大（或小），这是因为国家 i 向国家 j 的出口数量比国家 j 的相对购买力要大（或小），或者从国家 j 的角度看，其商品进口贸易对国家 i 的依赖程度比对世界其他国家的依赖程度要大（Kojima，1964）。

Kojima（1964）的贸易集中度指数暗含了前文所讨论的地理中性假定。Kunimoto（1977）对这一假定做了明确表述。Kunimoto 认为，看得见或看不见的影响世界贸易的阻力可以分为两类：一是影响国家间的进出口贸易水平；二是影响贸易的地理分布。在一个不存在后一类型贸易阻力的世界里，没有影响贸易地理方向的因素，仅前一种类型的贸易阻力影响世界贸易流，那么国家 i 向国家 j 出口的贸易集中度等于实际贸易流与期望贸易流的比率。即

$$G^{ij} = X_{ij}/E(X_{ij}) \qquad (3-12)$$

式中，$E(X_{ij}) = X_i(M_j/M_w)$。X_{ij} 表示国家 i 向国家 j 的出口；X_i 表示国家 i 向世界的总出口；M_j 表示国家 j 从世界的总进口；M_w 表示世界的总进口。根据 Kunimoto（1977）的解释，如果一个国家的贸易按照其贸易伙伴在世界市场的份额分布，那么 G^{ij} 的值偏离 1 表明存在影响国家间贸易地理方向的因素，但这些因素并没有影响世界各国的贸易水平。

进一步说，贸易集中度指数可以用来判断——与这些国家在世界贸易中的重要性相比——国家间贸易流的大小；贸易集中度指数也可以用来考察双边贸易流的长期变动特征。特别地，贸易集中度指数能凸显那些在世界贸易中份额较小国家间的贸易关系相对重要性的变化（Braga et al.，1994）。

式（3-11）除了用来分析国家间的贸易集中度外，还可以用来分析区域内如欧盟或东盟的贸易集中度。一般来说，区域 i 的贸易集中度（TI_i）是区域内贸易份额（RS_i）与该区域在世界贸易的份额（W_i）的比值，即

$$TI_i = RS_i/W_i = (T_{ir}/T_{it})/(T_{it}/T_w) \qquad (3-13)$$

式中，T_{ir}是区域内贸易量；T_{it}是所考察区域在世界上的贸易量；T_w是世界贸易总量①。

如果所研究区域在区域内的贸易权重等于该区域在世界贸易中的权重——地理中性假设，TI_i指数值为1。相反，如果区域内的贸易比其在世界贸易中重要，TI_i指数值大于1。在某种程度上，该指数可以看作Balassa（1965）所提出的RCA指数的一种变换②。如果区域内贸易集中度大于1，可以说该区域是"专业化的"，也就是说，所研究区域更倾向于成员国之间贸易，而不是倾向与世界其他国家贸易。指数值变大表明成员国之间贸易重要性增加。因而贸易集中度指数可以看作区域一体化程度是否增强的事前指示器（Drysdale & Garnaut，1982）。

尽管贸易集中度指数避免了区域贸易份额方法的缺陷，但是贸易集中度指数仍然对国家大小和区域内的国家数量敏感。总体来看，贸易集中度指数有取值范围的可变性、非对称性与符号一致性三个方面的缺陷，这些缺陷制约了贸易集中度指数的解释和应用。

（1）取值范围的可变性（Range Variability）。从式（3-13）很容易发现，区域贸易集中度指数的取值范围受区域大小的影响。实际上，不存在区域内贸易的极端情况下，TI的值为0；与之相反，当所有的贸易都是区域内贸易的时候，TI的值与所研究区域相对世界总体贸易的大小成反比，即TI的最大值是，Max（$TI_i = T_w/T_i$）。

换句话说，区域贸易集中度指数的取值范围是0（没有区域内贸易）到最大值（全部是区域内贸易）。区域内贸易占总体贸易的比重越小，TI的最大值越大。取值范围的可变性意味着，不同区域或不同时期计算所得的贸易集中度指数值不易直接比较。

直观上，解决取值范围可变性问题是把计算所得的TI值除以其最大值。但经过这种处理，TI的值等于区域内贸易份额，这又会带来与式（3-10）相同的问题。一个可能的替代解决方案是，用所研究区域的贸易占世界除该区域之外的其他国家贸易的比重（V_i）替代式（3-11）的分母。如果所研究区域全部为区

---

① 因为没有国家与自己贸易，所以，式（3-11）中的分母T_w应该减去区域i的总贸易量T_{ir}。如果所研究区域的贸易地理不向内偏斜，这种矫正可以使该指数值大致等于1。区域内国家间的贸易相似度越高，近似误差越小。但这种分母的调整不仅使计算方法更复杂，而且使该指数很难与其他指数区分开来（Yamazawa，1970）。

② Vollrath（1991）讨论了贸易集中度指数与显示性比较优势指数之间的关系。

域内贸易，V_i 的值是 0。这可以称作区域贸易集中度均匀分布指数（Homogeneous Index of Intra‐regional Trade Intensity，HTI），即

$$HTI_i = \frac{RS_i}{V_i} = (T_{ir}/T_{it})/(T_{er}/T_{rw}) \qquad (3-14)$$

式中，T_{er} 是区域 i 的区域外（Extra‐regional）贸易量；T_{rw} 表示区域 i 之外的世界其他国家贸易总量，其他变量定义见式（3-10）。

贸易地理方向中性的假设条件下，THI 指数的分界值是 1，这与 TI 指数相同；但是 THI 取值范围是 0 到无穷大，最大值与区域的大小无关，这就克服了 TI 指数取值可变性的缺陷（Iapadre，2004）。

（2）取值范围的非对称性。无论 TI 指数还是 HTI 指数，其取值范围在门槛值 1 的两边都呈非对称分布。也就是说，如果贸易集中度低于地理中性假设条件下的期望值，贸易集中度的取值范围是 0 到 1；相反的情况下，即贸易地理方向有区域内倾向的偏好，贸易集中度的取值范围是 1 到无穷，或者是从 1 到一个显著大于 2 的数——TI 指数的情况。

解决非对称性的一个可能方案是使用 Dalum 等（1998）在研究 Balassa 的 RCA 指数非对称性时提出的转换方法。经过该转换后的指数可称作贸易集中度对称指数（Symmetrical Index of Intra‐regional Trade Intensity，STI），即

$$STI_i = (HTI_i - 1)/(HTI_i + 1) \qquad (3-15)$$

STI 指数取值范围是 -1（没有区域内贸易）到 1（全部为区域内贸易），门槛值（或中值）是 0。经过这种标准转换，不同区域的 STI 指数值可以进行适当的比较。但这种转换仍然避免不了接下来要讨论的问题。

（3）动态不一致性（互补性指数变动后存在符号一致性问题）①。上述讨论所提出的区域内贸易集中度指数都可以与度量区域外贸易集中度指数——暂称贸易互补性指数——相比较。

从区域内贸易份额的角度说，互补性就是区域外的贸易占该区域总体贸易的比重。很明显，区域内贸易份额增加意味着互补性减少；反之则反是。

与上述讨论中式（3-13）、式（3-14）和式（3-15）相对应的区域外贸易集中度指数，即区域内贸易集中度的互补指数，分别表示为：

---

① 注意，这里的互补性指数是与区域内贸易集中度对应的区域外贸易集中度指数，与下文讨论的贸易互补性指数不是一回事，切勿混淆。区域内贸易集中度指数三个缺陷这部分内容主要来自 Iapadre（2004）的研究，原文中，Iapadre 称区域间贸易集中度为区域内贸易集中度的互补性指数。

$E_i = (1 - RS_i)/(1 - W_i)$

$HE_i = (1 - RS_i)/(1 - V_i)$

$SE_i = (HE_i - 1)/(HE_i + 1)$

如果所研究区域的区域外贸易占世界贸易的份额比其他区域的这一份额大，这三个互补指数的值就大。在贸易地理方向中性假设下，前两个指数值为1，最后一个指数值为0。

不幸的是，上述指数都面临同样的问题：受区域内贸易指数变化的影响。尽管贸易集中度指数和贸易互补性指数具有相反的符号，然而，即使符号相同，有时也很难用来解释其动态变化。

如果区域贸易相对不稳定，假定该区域占世界贸易的比重增加，这很可能导致该区域的贸易集中度指数值和贸易互补性指数值同时变小。相反，如果区域贸易相对稳定，两个指数值很可能都增加。实际上，在后一种情况下，区域内贸易集中度增加是由于区域内贸易份额下降的幅度小于该区域贸易在世界贸易中份额下降的幅度；而贸易互补性指数的增加源于所研究区域的贸易份额相对其他地区在世界贸易中份额增加的缘故。

Iapadre（2004）列举了贸易集中度指数（区域内）和贸易互补性指数（区域间）变化的其他可能情形。无论何种情形，都很难解释这两个指数同时增加或同时减少的情况。由于这两个指数按照相同方向变化，因而，运用这两个指数评价区域贸易一体化的政策效果也是有问题的。

Iapadre（2004）提出了贸易内向型指数（Trade Introversion Indices，TII），以避免传统贸易集中度指数的缺陷。Iapadre认为，解决上述问题的一种途径是考察贸易集中度指数和贸易互补性指数的比率，这一比率反映了——与区域外贸易相比——区域内贸易增加的快或慢的合成效果。Iapadre（2004）把该比率称作贸易内向型指数，该指数对应的式子分别如下：

$J_i = I_i / E_i$

$HJ_i = HI_i / HE_i$

$SJ_i = (HJ_i - 1)/(HJ_i + 1)$

很容易看出，这三个贸易内向型指数中，HJ_i的取值范围是0（区域内没有贸易）到无穷大（没有区域外贸易），而且，HJ_i的取值独立于区域大小，贸易地理中性条件下，门限值为1。相应地，SJ_i的取值范围在-1和1之间，门限值为0。

进一步地,贸易内向型指数的对称形式定义为:

$SF_i = [(HE_i/HI_i) - 1]/[(HE_i/HI_i) + 1]$

很容易看出,$SJ_i = -SF_i$。

这个贸易内向型指数的有趣特征是,其可以同时度量目标区域与世界其他国家的贸易集中度,这些世界其他国家可以作为单独一个互补性区域。换句话说,如果世界分成两个区域,根据定义,$RS_2 = (1 - V_1)$,$V_2 = (1 - S_1)$,或者相反,那么:

$HJ_2 = [(1 - V_1)/(1 - S_1)]/(V_1/S_1) = HJ_1$

直觉上,如果世界分为两个区域,其中一个区域的任何水平的贸易内向型指数都适用于另一个区域,甚至两个区域互相隔离的极端情况下也是如此(Iapadre,2004)。

Iapadre(2004)是从统计学的角度讨论贸易集中度指数的缺陷。回到贸易集中度指数本身,我们应该记住,该指数是用来研究双边贸易流及其决定因素的工具,或者说,该指数是用来分析双边贸易阻力(Obstacles 或 Resistances)①,并评价贸易阻力对贸易流的影响。

Brown(1947)与 Kojima(1964)所使用的贸易集中度指数简化了进口和出口国家的规模效应,且仅关注贸易阻力对双边贸易流的影响。因而,贸易集中度指数是双边相对贸易阻力的粗略指数,它没有反映双边贸易商品结构(贸易互补性)的变化。如果国家间的商品不匹配,即一个国家的出口商品组合与另一个国家的进口商品组合互补性不强,那么国家间的贸易机会就小。

为此,Drysdale(1969)构建了一个新的指数,以修正 Kojima 等使用的贸易集中度指数。Drysdale 构建的指数可以把基于比较优势的商品结构效应(互补性)从其他影响贸易集中度的因素中剥离出来。与 Linnemann(1962)的互补性指数不同,Drysdale 定义的互补性指数是衡量国家间的商品贸易结构与世界贸易结构的近似度。

国家 i 向国家 j 出口的互补性指数 C_{ij} 定义为,国家 i 每种商品的出口份额、国家 j 每种商品的进口份额及商品在世界贸易份额倒数的加权总和。权重反映替代供给资源较有限情况下,国家 j 从国家 i 增加进口商品 k 的可能性。互补性指

---

① 贸易阻力是阻碍商品不能根据价格差异在国际市场迅速运转的因素,如关税、配额及政府其他强制性的措施等(Drysdale & Garnaut,1982)。

数算式为：

$$C_{ij} \equiv \sum_k \left(\frac{X_i^k}{X_i} \times \frac{M_w - M_i}{M_w^k - M_i^k} \times \frac{M_j^k}{M_j} \right) \quad (3-16)$$

式中，X_i^k 表示国家 i 商品 k 的出口；M_j^k 表示国家 j 商品 k 的进口；M_w^k 表示商品 k 的世界进口。如果国家 i 出口到世界市场的每个商品 k 的分布与商品 k 在每个世界进口市场的份额恰好成比例，互补性指数 C_{ij} 就等于贸易密集度指数 TI_{ij}。

Drysdale（1969）也定义了商品水平上的国家偏斜（Country Bias）指数 B_{ij}^k，每个商品的偏斜指数为：

$$B_{ij}^k \equiv \frac{X_{ij}^k}{X_i^k} \Big/ \frac{M_j^k}{M_w^k - M_i^k} \quad (3-17)$$

式中，X_{ij}^k 表示国家 i 向国家 j 出口商品 k；其他符号的定义与式（3-17）相同。国家 i 向国家 j 出口的所有商品 k 的加权平均值就是国家偏斜指数 B_{ij}，如下所示：

$$B_{ij} = \sum_k \left(\frac{\overline{X_{ij}^k}}{\overline{X_{ij}}} \times B_{ij}^k \right) \quad (3-18)$$

式中，$\overline{X_{ij}^k}$ 是 B_{ij}^k 为 1 时 X_{ij}^k 的假定值；$\overline{X_{ij}}$ 是所有 B_{ij}^k 为 1 时 X_{ij} 的假定值；比率 $\frac{\overline{X_{ij}^k}}{\overline{X_{ij}}}$ 等于国家 i 向国家 j 出口的商品 k 对互补性贡献的百分比。

贸易互补性指数与贸易偏斜度指数的乘积为贸易集中度指数 TI_{ij}，即

$$I_{ij} = C_{ij} \times B_{ij} \quad (3-19)$$

商品结构效应对贸易集中度的影响通过贸易互补指数衡量。类似地，国家偏斜指数度量贸易阻力对贸易集中度的平均影响。Drysdale 把贸易集中度指数分解为互补性指数和偏斜指数两部分，其假定是，世界贸易中每个国家的商品结构对贸易流的影响互相独立。可以想象，如果关税或运输成本结构变动，那么进口、互补性及贸易偏斜度都会受其影响。在这种情形下，贸易偏斜度和贸易互补性之间的区别就不明显了。

商品贸易的阻力，如运输成本①，千差万别。因而，尽管加总的国家偏斜指数度量的是贸易阻力对贸易水平影响的总体效应，但仍然需要研究细分层次的商

---

① 已有文献表明，国家间的距离、是不是某个贸易集团或协定国的成员这两个因素对国家偏斜指数有重要影响。

品贸易阻力,以作为考察总体贸易阻力的有益补充。只要商品分类系统中类别清楚,单个商品的国家偏斜指数仍然是贸易阻力的可靠指标。

许多学者(Savage & Deutsch,1960;Leamer & Stern,1970)关注贸易集中度分解所引起的计算有偏。Savage 和 Deutsch(1960)将其建立的贸易流模型称为零值模型(Null Model),这是因为他们的模型不是基于贸易理论,而只是根据所观测到的双边贸易模式进行预测。运用统计方法,Savage 和 Deutsch(1960)得到期望双边贸易出口,这与互补性指数很类似。此外,他们还定义了一个相对接受率指数,这个指数用来衡量观察到的贸易额与期望贸易额的差异,该指数与国家偏斜指数也很类似。

贸易集中度受许多因素影响。如果真如 Drysdale(1969)所展示的那样——贸易集中度分解为贸易互补性和国家偏斜度,那么就可以把影响贸易集中度的各种因素区分开来。这是因为,贸易互补指数反映的是出口国家和进口国家基于比较优势的商品结构效应,它是影响贸易的传统因素,可以用来分析基于比较优势的贸易决定因素及其变动趋势;而国家偏斜度指数反映的是贸易互补指数不能涵盖的因素对贸易集中度的影响。

贸易集中度指数依据现有贸易流量度量区域内各国之间的相互贸易相对于区域外其他国家贸易的相对集中度,从而提供区域一体化协议对潜在福利影响的信息。需要注意,这个指标是纯粹描述性的,并且该指标并没有控制或仅仅是不完全控制,那些影响双边贸易的因素以及那些仅在引力方程中真正可控的因素。当然,计量经济分析基于可观察的影响,因此总是在协议达成之后进行事后的研究或评估(张磊等,2013)。

还要注意的是,引力模型和贸易集中度指数之间并不是对立的关系。根据 Yamazawa(1970)的研究,国家 i 与国家 j 之间的出口贸易集中度定义如下:

$$I_{ij} \equiv \frac{\dfrac{X_{ij}}{X_{i.}}}{\dfrac{X_{.j}}{X_{..}}} \qquad (3-20)$$

式中,$X_{i.}(\equiv \sum_{j} X_{ij})$、$X_{.j}(\equiv \sum_{i} X_{ij})$、$X_{..}(\equiv \sum_{i}\sum_{j} X_{ij})$ 分别表示国家 i 的总出口、国家 j 的总进口及世界总的贸易量。I_{ij} 的取值范围是 0 到正的无穷大。很容易证明,在双边贸易仅仅取决于两个国家国民生产总值的简单引力模型中,I_{ij} 的值恒等于 1,也就是说,当贸易额与两个国家的国民生产总值成比例时,I_{ij}

的值恒等于1；如果两国之间的贸易集中度较高，I_{ij}的值就大于1；如果两个国家之间的贸易强度弱，I_{ij}的值就小于1。较高的贸易集中度取决于许多因素，如两个国家之间基于比较优势的贸易互补性较强、较小的地理和心理距离或两个国家签订了互惠的贸易协定等。从这个意义上说，贸易集中度指数和简单引力模型是互补关系，可以对比分析价格和收入对世界贸易的影响。

Weldemicael（2010）认为，距离不仅使得贸易较昂贵、减少贸易量，而且影响贸易商品结构。其运用 Drysdale（1969）对贸易集中度指数的分解——总的距离效应分解为直接效应（国家偏斜）和间接效应（互补性）——研究距离对商品贸易结构的影响，以尝试解释引力模型中的距离之谜①。研究认为，标准的引力模型之所以高估距离弹性是由于加总偏斜和忽略贸易商品结构因素造成的。这也再次说明，引力模型和贸易集中度指数之间并不是对立关系。

（四）贸易互补性指数

贸易互补性指数（Trade Complementarity Index，TCI）是衡量一个国家（或地区）的出口模式与另一个国家（或地区）进口模式的匹配程度。贸易互补性指数在贸易产品层面把一个国家的出口专业化模式和另外一个国家的进口专业化模式建立了联系。国家间贸易关系研究中，贸易互补性指数常用来衡量国家（地区）间进出口贸易关系的紧密程度。如果一个国家的出口集中度（专业化水平）与另一个国家的进口集中度的匹配度高，这可能有利于这两个国家达成区域贸易协定。

据笔者掌握的文献，贸易互补性指数源于 Linnemann（1966）对 Tinbergen（1962）引力模型的修正。Tinbergen（1962）的引力模型隐含的假定是所有国家的进出口商品都是完全差异化的，因此，任何配对国家都有商品交换的充分可能性。Linnemann（1966）认为，该假定过于理想。发达国家之间的贸易满足该假定，但对出口贸易高度集中于某些特定产品的发展中国家，该假定未必可行。更一般的情况是，如果国家 i 的出口商品结构恰好与国家 j 的进口商品结构相匹配，那么国家 i 与国家 j 之间的贸易流就较大。因此，Linnemann（1966）在 Tinbergen（1962）的贸易引力模型中引入了一个重要的解释变量，即贸易互补性指数，以

---

① 随着全球交通运输的改善，距离对贸易水平的影响理应降低。但 Disdier 和 Head（2008）发现，20 世纪中期及之后，距离对贸易水平的估计弹性呈上升趋势，且保持较大的值，这被称作距离之谜（Distance Puzzle）。

衡量国家 i 的出口与国家 j 进口的吻合度。

Linnemann（1966）认为，贸易互补性指数能反映贸易伙伴双方的商品结构是否互补。在贸易的决定因素中，互补性常被认为能体现相对资源禀赋状况，并能反映进一步拓展贸易空间的可能性。商品结构究其本质是多维向量，引入贸易引力模型需要的是纯量，如何比较多维向量呢？Linnemann（1966）借助向量工具做了聪明的处理，其定义的贸易互补性指数是出口国家的总出口商品结构向量与进口国家的总商品进口结构向量的内积量。出口国 i 与进口国 j 的互补性指数表示为：

$$G_{ij} = \cos \alpha_{ij} = \frac{x_i \cdot m_j}{|x_i||m_j|} \tag{3-21}$$

式中，x 代表出口结构向量；m 代表进口结构向量；余弦角 $\cos \alpha_{ij}$ 用于衡量贸易双方的贸易结构是否匹配。如果两个向量是垂直的，那么可供出口的商品与进口需求之间根本没有关系，因而也不会发生贸易；如果向量之间的夹角为零，可供出口的商品与进口需求之间完全一致，因而贸易量可能就很大。也就是说，贸易互补性指数的值在 0（没有贸易）和 1（贸易完全互补）之间①。

Linneman（1966）并没有公布单个国家商品组合变量的系数。然而并没有先验的理由解释那些商品贸易集中在占世界市场份额很小商品上的国家，为什么其系数有很多极值？很明显，国家 i 向国家 j 出口一定数量商品 k 的可能性依赖于国家 j 向国家 i 或世界供给商品的能力，即国家 j 占世界出口贸易的市场份额越低，国家 i 向国家 j 出口商品 k 的可能性越小（Drysdale & Grnaut，1982）。因而，Leamer 和 Stern（1970）认为，Linneman（1966）提出的贸易互补性指数类似其提出的加权内积，这里每种商品权重与该商品占世界贸易市场份额成反比②。

如前文所述，Drysdale（1969）从贸易集中度决定因素的视角讨论贸易互补性指数。他认为，两个国家之间的贸易集中度比这两个国家与世界其他国家之间的贸易集中度高或低取决于两个因素，一是商品偏斜（Commodity Bias）；二是特定国家偏斜（Special Country Bias）。商品偏斜用贸易互补指数度量，双边贸易的

---

① 式（3-21）中，商品进出口结构向量是特定的商品分类标准下，每种类型商品进口（或出口）占该商品总进口（或总出口）的比重。详细的讨论请参考 Linnemann H. An Econometric Study of World Trade Flows [M]. Amsterdam: North-Holland, 1966: 140-150。

② 实际上，这里的商品加权互补指数不满足引力模型的变量独立性假设。详细的信息请参考 Leamer E. L., Stern R. M. Quantitative International Economics [M]. Boston: Allyn and Bacon, 1970: 165。

互补程度反映出口国家和进口国家比较优势结构的互补性,或者说,贸易互补指数度量的是,如果国家 i 出口的每个商品 k 能与世界每个进口商品 k 的市场份额成比例分布,那么贸易集中度指数是多大;而国家偏斜考虑的是商品偏斜之外的其他因素对双边贸易流的影响,如差别贸易政策、FTAs、进出口国家的政治纽带等,特定国家偏斜用贸易偏斜指数度量。

Drysdale 和 Garnaut(1982)认为,Linneman(1966)提出的贸易互补指数可以粗略地描述由国家间资源禀赋和生产结构差异所形成的贸易集中度,但该指数没有考虑到贸易双方的贸易结构与世界贸易结构的匹配问题。因而,Drysdale 和 Garnaut(1982)认为,他们在 1969 年提出的把进出口国贸易结构与世界贸易结构相结合的贸易互补性指数更适用。

Drysdale(1969)运用了相对概念对贸易互补指数做了更精确的定义,贸易互补指数衡量的是,与世界进口模式相比较,哪一个国家的出口模式与另一个国家进口模式较匹配。具体说,双边贸易互补性指数 C_{ij} 度量——由于国家 i 的出口商品结构与国家 j 的进口商品贸易结构匹配度高于国家 i 的出口商品结构与世界商品进口结构的匹配度——国家 i 向国家 j 的出口相对大小的程度。

出口国家 i 与进口国家 j 的贸易互补性指数定义如下:

$$C_{ij} = \sum_k \frac{X_i^K}{X_i} \times \frac{M_w - M_i}{M_w^k - M_i^k} \times \frac{M_j^k}{M_j} \tag{3-22}$$

式中,X_i^k 表示 i 国的出口商品 k;X_i 表示 i 国总商品出口;M_w^k 表示世界进口商品 k;M_j^k 表示 j 国商品 k 的进口;M_w 表示世界总进口;M_j 表示国家 j 的总进口。

国家 i 出口到国家 j 的互补性指数是国家 i 出口与国家 j 进口的每种商品的份额乘积的加权总和,其中,权重是所考察商品在世界贸易中份额的倒数。加权是必要的,其原因在于,如果其他国家不出口更多的商品 k,那么国家 j 就更有可能从国家 i 进口该商品。换句话说,该指数衡量一国的出口结构与进口国的进口结构、进口国的总进口结构相吻合的程度。该指数的取值范围从 0(没有发生进出口)至 1(进出口结构完全吻合);指数大于 0 则表明国家 i 与国家 j 之间的贸易有互补性。

式(3-22)也可表示为:

$$C_{ij} = \sum_k \left(R_i^k \cdot D_j^k \cdot \frac{M_w^k - M_i^k}{M_w - M_i} \right) \tag{3-23}$$

式中，R_i^k 是国家 i 出口商品 k 的专业化指数。该指数衡量与所有其他出口国的均值相比，国家 i 出口商品 k 相对较多或较少的程度，即国家 i 出口商品 k 的专业化水平，公式表述如下：

$$R_i^k = \frac{\dfrac{x_i^k}{x_i}}{\dfrac{M_w^k - M_i^k}{M_w - M_i}} \tag{3-24}$$

D_j^k 是国家 j 商品 k 进口的专业化指数，公式表述如下：

$$D_j^k = \frac{\dfrac{M_j^k}{M_j}}{\dfrac{M_w^k - M_i^k}{M_w - M_j}} \tag{3-25}$$

该指数度量与所有其他进口国家的进口均值相比，国家 j 进口商品 k 相对多或少的程度。式（3-24）和式（3-25）中各符号的含义与式（3-22）相同。

也就是说，贸易互补指数大小取决于比较优势（出口专业化）与比较劣势（进口专业化）。国家 i 的出口专业化集中程度或差异化程度受国家的大小、资源禀赋等比较优势因素的影响。

Michaely（1996）在评估拉丁美洲国家间特惠贸易协定的潜在影响时提出了贸易兼容性指数（Indices of Compatibility）。贸易兼容性指数由一组指数构成①，其中一个指数度量本国（Home Country）的产品出口（进口）与潜在贸易伙伴国产品进口（出口）的兼容性，该指数表达方式如下：

$$Cm_j x_i = 1 - \frac{\sum_i |m_{jk} - x_{ik}|}{2} \tag{3-26}$$

$$Cx_j m_i = 1 - \frac{\sum_i |x_{jk} - m_{ik}|}{2} \tag{3-27}$$

式中，$Cm_j x_i$ 是 j 国进口与 i 国出口的兼容性指数；$Cx_j m_i$ 是 j 国出口与 i 国进口的兼容性指数。m_{jk} 表示商品 k 占 j 国总进口的份额；x_{ik} 表示 k 商品占 i 国总出口的份额；x_{jk} 表示 k 商品占 j 国总出口份额；m_{ik} 表示商品 k 占 i 国总进口的份额。

该指数的取值范围为 0~1。当取值为 0 时，表明贸易流没有任何相似性，两

---

① Michaely M. Trade Preferential Agreements in Latin America: An Ex-ante Assessment [A]. World Bank Policy Research Working Paper, No. 1583, 1996: 21-28.

国都没有出口 k 商品；当取值为 1 时，则表明两国的贸易结构雷同，一国的出口恰好与另一个国家的进口比重相同——这里讨论的是 Cx_jm_i 指数的情形。贸易兼容性指数是讨论贸易转向效应的指示器；这种贸易转向的本质是从潜在的贸易伙伴进口产品来替代原来从第三国进口的产品，而且贸易兼容性指数也是与潜在自由贸易伙伴贸易扩张范围的指示器，该指数表明贸易协定关联度的大小①。

回顾前文产业内贸易指数讨论的内容，我们发现，Michaely 提出的贸易兼容性指数与度量产业内贸易的式（3-9）相同，只是 Michaely 用这个式子度量多边贸易的相似度②。

Yeats（1997）指出，Michaely 指数有一定的局限性。首先，该指数把现行的出口结构（份额）当作既定的，并试图确定现行的出口结构与潜在贸易伙伴进口结构的匹配程度。这既假定现行的出口将转向区域合作伙伴，也假定出口国可以在成本不变的情况下扩大出口。其次，该指数假定现行贸易结构存在优化的可能，但实际上并不一定如此。再次，该指数把所有出口产品看作是相同的，但有些出口产品的国家政策目标可能完全不同。最后，该指数没有考虑距离和运输成

---

① Michaely（1996）指出，贸易扩张范围大，贸易协定的关联度强，并不意味着贸易协定双方有大的得益。这是因为，贸易转向效应对生产有负的效应，而对消费有正的效应，因此净福利效应不能确定。

② Glejser 等（1982）曾提出了一个度量产业内贸易的指数以替代 Balassa（1974）及 Aquino（1978）提出的产业内贸易指数。Kol 和 Mennes（1986）认为，Glejser 等（1982）的指数与 Balassa（1965）提出的显示性比较优势指数、Michaely（1962）提出的贸易相似性指数都可以度量贸易模式的相似性，这里贸易模式指的是商品份额（Shares）而不是贸易流（Flows）。事实上，Michaely（1996）的贸易兼容性指数也是其 1962 年提出的贸易相似性指数的一种变换形式。

与 Balassa（1965）和 Glejser 等（1982）的指数相比，Michaely（1962）的指数克服了前两个指数的缺点，更实用。比如，Michaely 指数不需要矫正，尤其是在更细分水平上，进口很可能为零，但对 Balassa 指数来说，这种矫正非常必要。而且，Michaely 指数的解释更加容易，值为 0 表示贸易模式完全不同；值为 1 表示贸易模式完全相似（Kol & Mennes，1986）。

为了克服原有指数的某个缺陷而构建的指数，往往会带来其他问题，从而影响所构建指数的适用性。这一点在产业内贸易指数、贸易相似度指数构建中表现得尤其突出。比如，Finger 和 Kreinin（1979）构建了度量两个国家向第三方国家市场出口模式的相似度指数（Index of Trade Similarity）。Promfret（1981）认为，Finger 和 Kreinin 所构建的指数与 Aquino（1978）及 Michaely（1962）的指数完全相同。Kol 和 Mennes（1986）认为，产生这些问题的原因在于，研究者没有充分意识到贸易流（Trade Flows）与贸易模式（Trade Patterns）概念背后经济学含义的差异。贸易流概念关注的是与实际贸易量相关的问题，比如，贸易对就业、贸易平衡的影响等内容；而讨论内在贸易均等化和比较优势的问题时，选择贸易模式的概念可能更恰当。因而各种研究方法和概念的有效性依赖于所研究的问题。

总的来说，Balassa（1974）、Grubel 和 Lloyd（1975）的指数适用于度量一个国家或一组国家，如欧盟、东盟，出口和进口贸易流是否重叠；Michaely（1962）与 Aquino（1978）的指数适用于度量一个国家或一组国家出口和进口贸易模式的相似性；而 Balassa（1965）、Finger 和 Kreinin（1979）、Glejser（1982）的指数适用于度量两个国家或两组国家出口和进口贸易模式的相似性（Kol & Mennes，1986）。

本对贸易互补性的影响。

Yeats（1998）在研究非洲区域贸易协定时借鉴了 Michaely 提出的贸易兼容性指数，并明确称自己提出的指数为贸易互补指数（The Indice of Trade Complementarity），Yeats（1998）给出的贸易互补指数形式如下：

$$C_{ij} = 100 - \sum (|m_{ik} - x_{ij}| \div 2) \quad (3-28)$$

式中，x_{ij} 是商品 i 占国家 j 总出口的份额；m_{ik} 是商品 i 占国家 k 总进口的份额。C_{ij} 取值在 0 和 100 之间，指数取值为 0 表示国家 k 没有从国家 j 进口；当进口和出口份额完全相等时，C_{ij} 值为 100。C_{ij} 值越大，达成区域贸易协定的可能性越强。从动态的角度看，指数不断增大表明双方贸易一体化程度在加强。

除 Yeats 外，还有不少学者使用 Michaely 的贸易兼容性指数评价国家间贸易的互补性。如 Mahvash 和 Wan（2006）运用 Michaely 指数评估中国与印度因双边贸易需求扩大而带来的潜在利益。

在 Michaely（1996）的贸易兼容性指数基础上，Sharma（2008）、Soamiely 等（2010）均构建了类似 Michaely（1996）的指数测算双边贸易互补性和区域出口贸易的扩张潜力。Soamiely 等（2010）认为，贸易互补性指数不是统计意义上的相关系数，而是代数层面上的指标，用公式表达如下：

$$C^{AB} = 100 \left[1 - \frac{\sum_k [m_k^A - x_k^B]}{2} \right] \quad (3-29)$$

式中，m_k^A 表示 A 国总进口中 k 商品所占的份额；x_k^B 表示 B 国总出口中 k 商品所占的份额。该指数的取值范围在 0 和 100 之间，取值为 0 表明两国没有任何贸易，指数值为 100 则表明两国的进出口份额恰好吻合。因而，该指数值越大，A 国与 B 国之间有效贸易扩张范围也就越大，两国的贸易互补水平越高。值得注意的是，一国在双边贸易中所扮演的角色不同（是进口方还是出口方），指数测算出来的结果则具有不同的含义。当一国的出口格局与其贸易对象国的进口格局相符时，该国起着贸易引擎的作用；而当一国的进口格局与其贸易对象国的出口格局相符时，该国则会从贸易中获利。

Anderson 和 Norheim（1993）、Vaillant 和 Ons（2001）在 Balassa（1965）提出的显示性比较优势（RCA）指数的基础上，根据实际研究需要提出了不同构造形式的贸易互补性指数。他们认为，贸易互补性指数显示了国家间贸易的耦合程度，细分或加总数据均可以计算这种耦合度，国家 i 出口与国家 j 进口商品 k 的细分层面的贸易互补性指数表示如下：

$$TCI_{ij} = \frac{xs_i^k}{t_{ww}^k} \times \frac{ms_j^k}{t_{ww}^k} \qquad (3-30)$$

式中，$xs_i^k = \dfrac{x_i^k}{x_{iw}}$，表示 i 国出口商品 k 占其总出口商品的比重，其中，x_i^k 表示 i 国出口的商品 k，X_{iw} 表示 i 国商品总出口；$ms_j^k = \dfrac{M_j^k}{M_{jw}}$，表示 j 国进口商品 k 占其总进口商品的比重，其中，M_j^k 表示 j 国商品 k 的进口，M_{jw} 表示 j 国总进口商品；$t_{ww}^k = \dfrac{M_{ww}^k}{M_{ww}}$，表示世界商品 k 进口占世界总进口商品的份额，其中，M_{ww}^k 表示商品 k 的世界总进口，M_{ww} 表示世界总商品进口。

产业加总（S 产业）水平上的互补指数表示如下：

$$TCI_{ij}^s = \sum_{k \in s} TCI_{ij} \times \frac{M_{ww}^k}{M_{ww}} \qquad (3-31)$$

该指数的门槛值为 1。指数值大于 1，表明一国的出口与另一国的进口在一定程度上相耦合，以致基于各自比较优势的双边贸易能够得以解释。相反，如果该指数值小于 1，则表明国家 A 的出口专业化模式与国家 B 的进口专业化模式不具有互补性，即两国所具有的显示性比较优势并非解释双边商品贸易的重要因素。

该指数实际上是出口国的显示性比较优势指数（RCA）和进口国的显性比较劣势指数（Revealed Comparative Disadvantage，RCD）的乘积。因而该指数度量相对于世界其他国家，出口国的供给与进口国的需求的相似性。

无独有偶，研究北美地区农产品贸易结构时，Vollrath 和 Johnston（2001）借助显示性比较优势指数和比较劣势指数，并利用加权平均方法，构建了贸易互补性指数。其表达公式如下：

$$TCI_{ij}^s \equiv \sum_{k \in s} \left[\theta^k \times RXS_i^k \times RMS_j^k \right] \qquad (3-32)$$

式中，

$$RXS_i^k = \frac{\dfrac{X_{iw}^k}{X_{iw}^s}}{\dfrac{X_{ww}^k}{X_{ww}^s}} \equiv \frac{k \text{ 商品在 } i \text{ 国家 } s \text{ 部门的出口份额}}{k \text{ 商品在世界 } s \text{ 部门的出口份额}}$$

$$RMS_j^k \equiv \frac{\dfrac{M_{jw}^k}{M_{jw}^s}}{\dfrac{M_{ww}^k}{M_{ww}^s}} \equiv \frac{k\,商品在\,j\,国家\,s\,部门的进口份额}{k\,商品在世界\,s\,部门的进口份额}$$

$$\theta^k \equiv \frac{X_{ww}^k}{X_{ww}^s} \equiv k\,商品在世界\,s\,部门的出口份额$$

RXS_i^k 是巴拉萨显示性比较优势指数，用出口来衡量国家 i 在 k 类产品上的比较优势；RMS_j^k 则是用进口来衡量国家 j 在 k 类产品上的比较劣势。如果出口国的比较优势结构和进口国的比较劣势结构刚好吻合，则双边贸易具有互补性，增长潜力大；否则贸易发展的潜力受限。一般来说，互补性指数等于 1 是个门槛——两国各产品的比较优势相同，该指数为 1。如果计算得到的 TCI 值大于 1，两个国家的贸易有较强的互补性，反之则反是。

Vollrath 和 Johnston（2001）指数类似 Yamazawa（1970），是对 Drysdale（1969）指数一个更严谨的表述。Yamazawa（1970）的推导如下：

由于所有商品的 RXS_i^k 与 RMS_j^k 加权平均值等于常数 1，即

$$\sum_{k \in s} \theta^k \times RXS_i^k = \sum_{k \in s} \theta^k \times RMS_j^k = 1$$

每一个 RXS_i^k 与 RMS_j^k 的值均在 1 左右。如果 RXS_i^k 的值大于 1（小于 1），表明与世界平均水平相比，国家 i 出口商品 k 的集中度高（低），RXS_i^k 的值高（或低）也表明国家 i 在出口商品 k 上有较强（较弱）的专业化水平。类似地，RMS_j^k 的值高（或低）表明国家 j 在进口商品 k 上具有较强（较弱）的进口专业化水平。

所有商品的向量 RXS_i^k（RXS_i^1，RXS_i^2，…，RXS_i^n）表明国家 i 的出口专业化结构，它反映国家 i 的比较优势结构。这同样适用于 RMS_j^k。然而进口专业化结构不仅受出口专业化水平的影响，还受比较劣势和贸易保护政策的影响。

两个具有相似出口专业化模式的国家，因出口专业化指数偏离 1 的程度不同，它们的出口专业化集中度而有所差异。Yamazawa（1970）通过举例表明[①]，国家间贸易互补程度不仅受出口和进口专业化结构匹配度的影响，还受出口与进口专业化结构集中或差异化程度的影响。专业化出口结构高度集中的国家往往与出口专业化结构差异较大的国家有较强的互补性。

---

① 请参考 Yamazawa（1970）的论文。

出口专业化的集中或差异化程度受国家大小、资源禀赋差异等那些影响比较优势的因素的影响。因此可以通过专业化指数与其均值的标准差来衡量出口专业化集中度，表示如下：

$$\sigma(RXS_i) = \sqrt{\sum_k \theta^k (RXS_i^k - 1)^2}$$

$$\sigma(RMS_j) = \sqrt{\sum_k \theta^k (RMS_j^k - 1)^2}$$

国家 i 的出口专业化指数与国家 j 进口专业化指数的协方差定义如下：

$$\begin{aligned} cov(RXS_i, RMS_j) &= \sum_{k \in s} \theta^k \times (RXS_i^k - 1)(RMS_j^k - 1) \\ &= \sum_{k \in s} \theta^k \times RXS_i^k \times RMS_j^k - 1 \\ &= TCI_{ij}^s - 1 \end{aligned}$$

或者 $TCI_{ij}^s = cov(RXS_i, RMS_j) + 1$ （3-33）

式（3-33）是 Drysdale（1969）贸易互补指数的另一个表述形式①，且有明确的经济学含义。国家 i 与其竞争国家相比，如果国家 i 的出口专业化结构与国家 j 的进口专业化结构较匹配，即国家 i 的出口专业化指数与国家 j 的进口专业化指数正相关，$cov(RXS_i, RMS_j) > 0$，TCI_{ij}^s 的值大于1。这也说明，如果没有运输成本及其他人为制造的贸易障碍——这些因素影响贸易互补程度，国家 i 与国家 j 的潜在出口贸易集中度大于1，签署 FTAs 有利于两个国家扩大贸易。

相反，如果国家 i 的出口专业化结构与国家 j 的进口专业化结构匹配程度弱，TCI_{ij}^s 的值则小于1；如果国家 i 的出口专业化结构与国家 j 的进口专业化结构毫无关系，那么 TCI_{ij}^s 的值等于1。

实际上，Vollrath 和 Johnston（2001）与 Drysdale（1969）的产业加总层面的贸易互补指数完全相同。只是 Drysdale 对世界总商品进口做了矫正，减去了 i 国商品的出口；经加权处理后，Vollrath 和 Johnston（2001）的指数更容易从比较优势与比较劣势的角度去理解。

Anderson 和 Norheim（1993）、Vaillant 和 Ons（2001）应用的互补指数与 Drysdale（1969）的指数也完全相同，证明过程如下：

---

① Yamazawa（1970）推导出该式的经济学假定是，产品不同质。也就是说，每个出口国家出口的产品完全不同，因此一个国家的进口商品由许多出口国家的产品组成，每个出口国家的产品在进口国家市场所占的份额取决于进口国家的偏好贸易模式。

式（3-30）可以表示为：

$$TCI_{ij}^s = \sum_{k \in s} \frac{xs_i^k}{t_{ww}^k} \times \frac{ms_j^k}{t_{ww}^k} \times \frac{M_{ww}^k}{M_{ww}}$$

因为，$xs_i^k = \frac{x_i^k}{x_{iw}}$，$ms_j^k = \frac{M_j^k}{M_{jw}}$，$t_{ww}^k = \frac{M_{ww}^k}{M_{ww}}$

所以，$TCI_{ij}^s = \sum_{k \in s} \frac{x_i^k}{x_{iw}} \times \frac{M_j^k}{M_{jw}} \times \frac{M_{ww}}{M_{ww}^k}$

上式中，$\frac{M_j^k}{M_{jw}} \times \frac{M_{ww}}{M_{ww}^k}$ 就是 Vollrath 和 Johnston（2001）指数的 RMS 项；$\frac{x_i^k}{x_{iw}}$ 项除以 $\frac{x_{ww}^k}{x_{ww}}$ 就是 Vollrath 和 Johnston（2001）指数的 RXS 项；$\frac{x_{ww}^k}{x_{ww}}$ 是 θ。

两国之间贸易互补性的强弱，体现一方集中出口或进口的产品是否为对方集中进口或出口的产品，决定着两国双边贸易的发展潜力。进一步细分，贸易互补性指数还分为产业贸易互补指数和综合贸易互补指数。产业贸易互补指数用一国特定产业以出口衡量的比较优势乘以贸易伙伴国家该产业以进口衡量的比较劣势测度。综合贸易互补指数则通过对两国间各产业贸易互补指数按照在世界贸易中各产业的贸易比重进行加权平均，以其加权平均值测度。

贸易互补性指数主要用于衡量贸易双方关系的紧密程度。贸易互补性正是由于贸易双方生产成本绝对差异（Simith，1776）、比较优势（Ricardo，1817）、要素禀赋差别（Heckscher，1919；Ohlin，1933）、规模经济、垄断竞争和产品差异化（多样化需求）（Dixit，1977）等原因而产生。

国家间在比较优势上有差异，其相互贸易关系的加强必然会加速各国的产业调整，而这一调整对各国造成的影响与各国贸易在行业上的互补性紧密相关（于津平，2003）。拟签署自由贸易协定国家间经济结构差异性越大，即两国的贸易互补性越强，国家间贸易扩张的可能性就越大，两国贸易关系加强带来的资源调整成本就越低，贸易关系的发展将使两国现有的生产模式（各自竞争力）得以维持。这反过来会增加 FTA 成功的机会，因为消除贸易壁垒可以给贸易双方带来较大利益（Bernadette，2009）。

从上述意义上说，基于比较优势理论构造的贸易互补指数，有较强的理论基础。当然，经验研究中选择什么样的指数取决于具体的研究问题和研究情景。应避免指数选取的随意性或为了迎合某些预期的结论而有目的地选取不同的指数。

总体来说，基于显示性比较优势理论的贸易互补性指数更适用于度量两个国家出口和进口模式的相似性。

四、研究结论

国际贸易理论最基本的问题之一是阐释国际贸易的成因。而国际贸易的经验研究发现，贸易一体化不会产生很大的由于资源配置带来的调整成本，这种平滑调整假说很受政策制定者的欢迎。因此，当多边贸易体制下的贸易自由化越来越困难的时候，双边或区域贸易成为一个次优选择。区域贸易主义争论的焦点是区别对待和潜在的贸易转向效应，这两点都对贸易体制有很重要的政策含义。

随着区域贸易协定规模的不断扩大，涌现了许多双边自由贸易协定前期可行性研究及事后评价的经验研究文献。从研究方法上看，这些文献依然采用的是Balassa（1965）提出的RCA指数方法及在RCA方法基础上的各种变换、改进或修订的方法。

Balassa（1965）所提出的比较优势测算指数重要的缺陷是指数值分布的非对称性，这使得对RCA指数值的解释和比较尤其困难。大量学者试图矫正进口和出口贸易不平衡改进Balassa指数的非对称。但那些经过改进后，指数值分布对称的指数依然存在这样或那样的缺陷，因而，经验研究中广泛应用的还是Balassa的RCA指数。产品或产业层次的专业化分工与国家水平贸易绩效的深入讨论引发了对产业内贸易理论及其测算方法论方面的广泛研究。

Grubel和Lloyd（1975）试图改进Balassa（1966）提出的产业内贸易指数。GL指数实质是度量出口和进口在总体贸易中的重叠程度。但经验研究中该指数总是不能被正确地使用，因而导致有偏的结果。这种有偏的估计主要是由于不正确的区域加总或产业部门加总造成的贸易不平衡。因此，GL指数需谨慎解释。因为GL指数值随数据加总水平上升而增加，所以不同加总水平的GL值无法直接比较。更值得注意的是，除非在极其细分的层次上进行计算，GL指数可能含有"垂直贸易"，这一现象与产品趋同和垄断竞争毫无关系。

贸易集中度依据现有贸易流量度量——所考察区域内各国之间的相互贸易相对于区域外其他国家贸易——相对集中程度，从而提供区域一体化协议对潜在福利影响的信息。经验研究中，区域贸易集中度或区域贸易份额这些指数不但其取值对国家大小和区域内的国家数量敏感，而且很可能违背地理中性假设，因而，它们既不适于用来评价单个区域的贸易一体化动态，也不适于把不同区域的指数值拿来比较。

Brown（1947）提出了贸易集中度指数方法，Kojima（1964）对 Brown（1947）的贸易集中度指数进行了修正，因而这个方法在经验研究中有广泛的应用。尽管贸易集中度指数避免了区域贸易份额方法的缺陷，但是贸易集中度指数仍然对国家大小和区域内的国家数量敏感。总体看，贸易集中度指数有取值范围的可变性、非对称性与符号一致性三个方面的缺陷，这些缺陷制约了贸易集中度指数的解释和应用。

Drysdale（1969）在修正了 Kojima 指数时，把贸易集中度指数分解为互补性指数和偏斜指数两部分，贸易集中度指数是贸易互补性指数与贸易偏斜度指数的乘积，从而把基于比较优势的商品结构效应（互补性）从其他影响贸易集中度的因素中分离出来。商品结构效应对贸易集中度的影响通过贸易互补指数衡量。

在实证研究中，有两种测算贸易互补性的方法：一是 Michaely（1962）提出的方法；二是 Drysdale（1969）提出的方法。正如笔者推演所示，Drysdale 方法有多种表现形式，但其本质是相同的。Michaely 指数适用于度量一个国家或一组国家，出口和进口贸易模式的相似性；而基于显示性比较优势理论的 Drysdale 指数有较强的理论基础，更适用于度量两个国家出口和进口模式的相似性。

FTA 事前评估中，应基于事后贸易数据（Post-trade Data），采用基于比较优势、产业内贸易、贸易集中度和贸易互补的分析框架。比较优势讨论的是基于资源禀赋的国家间专业化分工，解释贸易的可能方向；而产业内贸易研究的是，即使国家间的资源禀赋类似，出口和进口在总体贸易中的重叠程度，即可能的贸易机会；贸易集中度分析国家间贸易流量的决定因素；贸易互补讨论国家间出口专业化模式和进口专业化模式的匹配性。

第四章　中国和澳大利亚农产品贸易关系[①]

一、引　言

过去的十几年中，中国和澳大利亚之间的贸易迅速扩大，并已成为澳大利亚第一大出口市场（UN Comtrade，2010）。值得注意的是，在从澳大利亚所有进口产品中，农产品增长速度很快（过去的十几年几乎增长了6倍，2010年达到39亿美元），这使得中国成为澳大利亚第五大农产品出口市场。由于中国经济持续快速增长、居民收入水平及城市化水平提高，中国对农产品的需求将持续增长（Chen，2004；Tian & Zhou，2005；Wang & Zhou，2005）。受国内自然资源的限制，中国国内农产品生产已不能满足日益增长的需求，因此，进口很可能会增加（Chen，2004；Tian & Zhou，2005；DFAT，2005）。

中澳农产品贸易之所以能够迅速发展，一个重要的原因是两国农业的互补性很强。中国农产品需求的增加为日益扩大的澳大利亚农产品的出口提供了很大的市场机会。两国在2005年3月完成了双方开展自由贸易可行性的研究之后，双方一致同意在2005年4月启动自由贸易谈判。中澳两国之间的自由贸易协定（FTA）谈判已于2006年进入实质性谈判阶段，这意味着距离中澳自由贸易区的建立已为期不远。中澳自由贸易协定将是中国继与智利和东盟之后签订的第三个

[①] 本章内容发表于《中国农村经济》2007年第11期。2013年笔者更新了文中的数据。

自由贸易协定,也将是中国与主要发达国家签订的第一个自由贸易协定。一旦签署自由贸易协定,中国将进一步增加对澳大利亚农产品的进口。

为了更深入地认识中澳农产品贸易的前景及可能对中国农产品带来的机遇和挑战,很有必要认真研究中澳农产品贸易的变化及推动这种变化的主要动力。一般认为,中国农产品市场为澳大利亚的农产品出口提供了很大的机会(DFAT,2005;Mai,2005)。有学者采用加总的数据对中国和澳大利亚的农业贸易状况进行了研究(Gallagher,2004;Daniel et al.,2005;Tian,2005;刘李峰等,2006;韩一军等,2006),但从现有文献看,还没有用分解的数据在更细分的层面研究中澳农产品贸易状况的。然而,从更详细的层面对中澳农产品贸易进行研究,所得出的结论对更深层次了解双方的农产品贸易模式及其动态会更有价值。因此,本章的目标是:首先,从双方农产品贸易结构、贸易强度和产业内贸易等方面,探究中澳双边农产品贸易的趋势。其次,测算双边农产品贸易比较优势和贸易互补性指数,观察双方农产品贸易是否具有互补性。

二、中国和澳大利亚农产品贸易动态

(一) 贸易农产品的范围界定与数据来源

贸易农产品的范围有不同的分类方法,根据不同的研究方法其研究结果也有一定的差异。依据标准国际贸易分类(Standard International Trade Classification,SITC),贸易农产品包括食品和农业原料两部分。食品包括:SITC 第 0 类(食品及活动物)、SITC 第 1 类(饮料及烟草)、SITC 第 2 类第 22 章(油籽及含油果实)和 SITC 第 4 类(动植物油、脂及蜡)。农业原料包括:SITC 第 2 类(非食用原料,燃料除外)中的第 21 章(生皮及生毛皮)、第 23 章(生橡胶,包括合成橡胶及再生橡胶)、第 24 章(软木及木材)、第 25 章(纸浆及废纸)、第 26 章(纺织纤维及其废料,羊毛除外)和第 29 章(其他动植物原料)。本研究所用的农产品是联合国商品贸易统计数据库 SITC 第 0 类(食品及活动物),SITC 第 1 类(饮料及烟草)、SITC 第 2 类第 21 章(生皮及生毛皮)、第 22 章(油籽及含油果实)、第 26 章(纺织品)和第 29 章(其他动植物原料),SITC 第 4 类

（动植物油、脂及蜡）。本章所有指标计算以 SITC 数据库中澳大利亚报告的数据为基准。

（二）农产品贸易趋势

从澳大利亚市场方面观察两国农产品贸易（份额）关系可以发现，1988～2010 年，澳大利亚向中国出口的农产品占澳大利亚农产品总出口的份额相对比较稳定；1996 年以后，中国从澳大利亚进口农产品的数量增长速度较快，但很不稳定。1988 年，澳大利亚向中国出口农产品占澳大利亚农产品总出口的 4.08%，2010 年则为 14.39%，增长了 2.5 倍。另外，1992～2000 年，澳大利亚从中国进口农产品占澳大利亚农产品总进口的增长速度不快，但很稳定。2000 年以后双边贸易迅速增加。2010 年，澳大利亚从中国进口农产品占澳大利亚农产品总进口的 6.79%，是 1988 年的 3.2 倍（见图 4-1）。

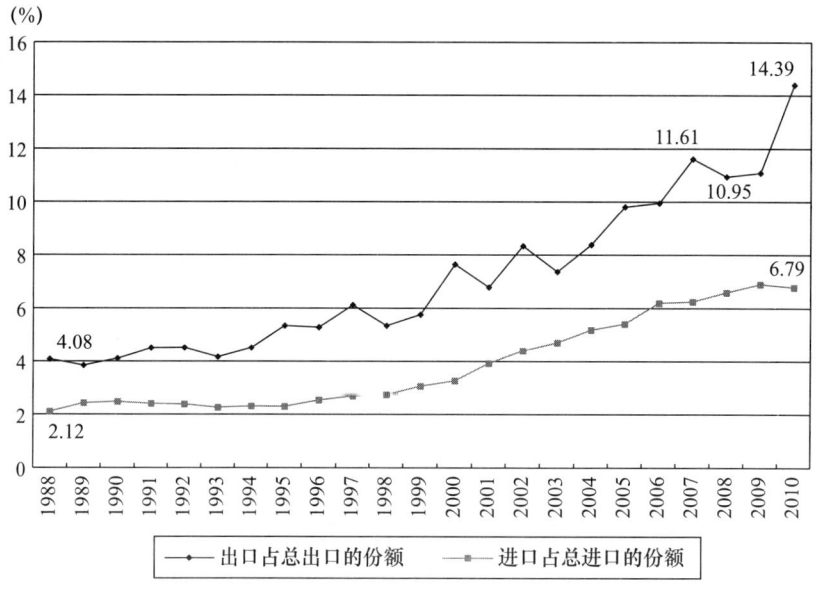

图 4-1　澳大利亚农产品出口到中国和澳大利亚从中国进口农产品的份额

从中国的角度观察两国农产品的贸易（份额）关系可以发现（见图 4-2），1992～2010 年，中澳农产品贸易额占中国对全球农产品贸易总额的比重较小，年均份额为 0.77%。2010 年为 1.33%，是 1992 年的 4.59 倍，中国从澳大利亚进口农产品占中国农产品总进口的份额最高的年份是1993年,为15.03%,最低的年份是1995年,为6.68%,1992~2010年平均份额为8.95%。由于澳大利亚农业生产自然环境的不稳定和中国贸易政策的调整等方面的原因,中国从澳大利亚进口农产品的份额很不稳定,并呈现一定的下降趋势。

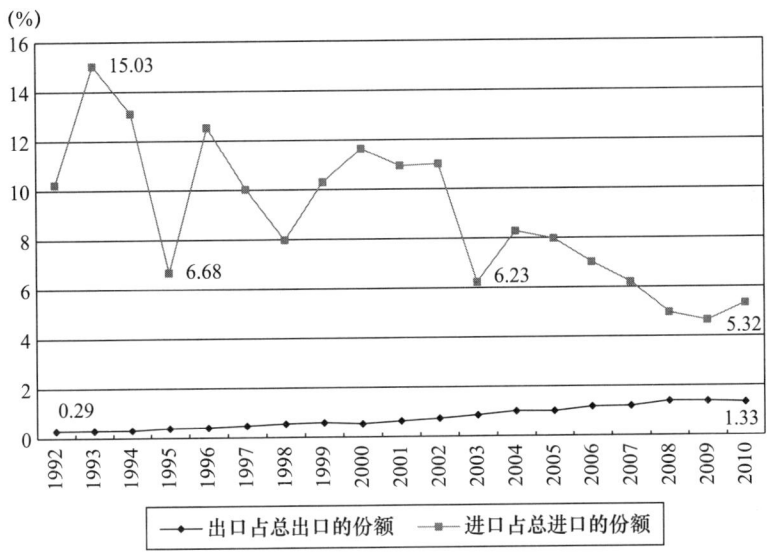

图4-2 中国农产品出口到澳大利亚和中国从澳大利亚进口农产品的份额

从两国农产品贸易总量结构看,中国一直处于贸易逆差地位。中国从澳大利亚进口农产品呈上升趋势,但波动很大,1992~2010年,以平均每年10.40%的速度增长,2010年的贸易量是1992年的6.93倍。中国出口到澳大利亚的农产品也呈逐年上升的趋势,1992~2010年平均每年增长18.18%,但由于基数小,中国对澳大利亚农产品进出口逆差持续扩大,中澳贸易逆差已经从2000年的11亿美元增加到2010年的30.05亿美元,增加了76.47%(见图4-3)。

随着中国经济增长和对高质量农产品需求的持续扩大,中国从澳大利亚的进口将继续保持增长态势。一方面,中国出口到澳大利亚农产品的份额和总量逐渐增加;另一方面,双方贸易逆差逐渐扩大,也从一个侧面反映了中澳农产品贸易关系很密切。但是,两国农产品贸易并不对等。中国是澳大利亚农产品的重要出口市场,澳大利亚也是中国重要的农产品进口国家之一。澳大利亚不是中国农产品出口的主要市场,但两国农产品贸易的重要性在逐步提升。中国市场对澳大利亚越来越重要,但中国进口的不稳定性,可能会对澳大利亚的农产品出口产生很大的影响。如果两国签署自由贸易协定会对双方农产品贸易产生积极的影响。

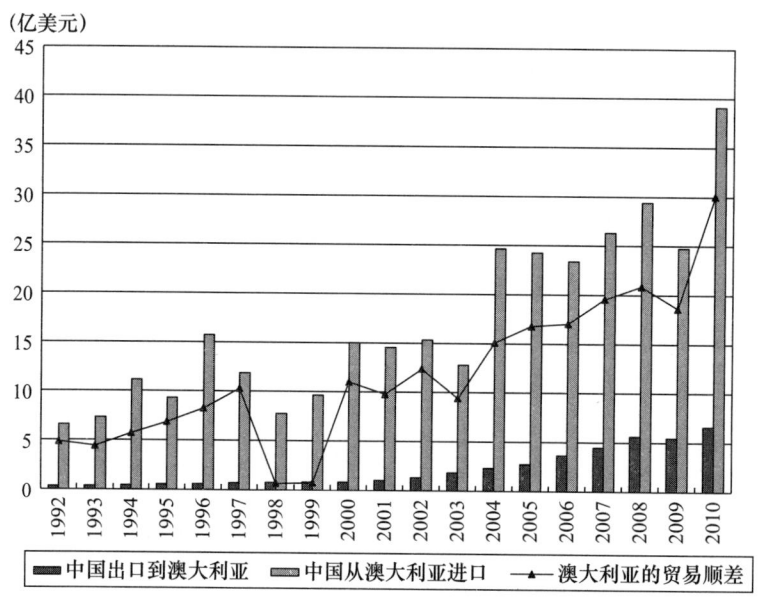

图4-3　中国与澳大利亚的农产品贸易关系

从产品角度分析(见表4-1),中国出口到澳大利亚的主要是食品及活动物类(主要是食品)并呈上升趋势。2010年,该类产品占中国出口到澳大利亚农产品总量的比例高达85.86%,其中,鱼类、甲壳类、软体动物和水果及蔬菜类占的比重较大。但前者呈递增趋势,后者则在不断递减,水果、坚果出口呈下降趋势。中国从澳大利亚进口一定量的食糖,但中国每年出口到澳大利亚的糖果占整个农产品贸易的比重很大,2010年,中国出口到澳大利亚的糖果占中国对澳大利亚农产品出口的6.99%。值得注意的是,中国出口到澳大利亚的饮料和烟草呈上升趋势,但不稳定。总体来看,中国出口到澳大利亚的农产品主要是水产品、蔬菜和水果等劳动密集型产品,品种相对分散。澳大利亚所进口的食品绝大多数属本地市场无法供应的产品,且以制成品为主。

表4-1 澳大利亚从中国进口的主要农产品占其从中国农产品总进口份额

单位:%

代码	项目	1990年	1995年	2000年	2005年	2010年
0	食品及活动物	70.82	74.74	73.35	83.15	85.86
03	鱼类、甲壳类、软体动物	5.84	12.11	9.30	22.27	23.90
036	甲壳类、软体动物等	2.69	6.55	3.84	15.65	13.20
04	谷物及谷物制品	3.38	4.57	10.35	9.51	9.29
048	谷物制品	3.13	4.47	9.76	8.98	8.97
05	水果及蔬菜类	38.54	37.10	34.97	29.53	26.99
054	蔬菜	2.73	4.45	5.95	5.41	6.57
057	水果、坚果仁,油用坚果除外	10.97	8.42	4.77	3.82	4.34
06	糖、糖制品和蜂蜜	1.07	1.67	4.92	9.24	9.18
062	糖果	0.57	1.05	4.18	7.31	6.99
09	各种可以食用物品及其制成品	7.17	12.63	10.06	7.77	10.79
098	杂项可食用的产品及制成品	7.15	12.63	10.06	7.77	10.79
1	饮料和烟草	0.79	2.90	9.07	6.75	5.00
12	饮料	0.27	2.64	8.79	5.76	3.73
29	初级动物和蔬菜原料	7.81	12.81	9.22	4.22	4.32

资料来源：联合国商品贸易数据库（http://comtrade.un.org/）。

中国从澳大利亚进口的农产品主要集中在纺织品、畜产品和粮食等土地密集型产品，相对比较集中（见表4-2）。1990年，中国从澳大利亚进口的农产品主要集中在食品及活动物上，占澳大利亚对中国农产品出口的67.33%。2010年，中国从澳大利亚进口的纺织品占澳大利亚对中国农产品出口的49.77%，食品及活动物只占27.24%。纺织品贸易主要集中在羊毛或其他动物毛上，羊毛或其他动物毛占中国从澳大利亚总进口农产品的份额由1990年的22.75%增加到2010年的39.38%；其次是棉花，棉花占中国从澳大利亚总进口农产品的份额由从1990年的5.61%增加到2010年的10.35%。在中国从澳大利亚进口的食品及活动物中，主要是鱼类、甲壳类和软体动物类和大麦等。大麦在过去曾是澳大利亚对中国出口的主要商品之一，但近10年来其份额一直在不断递减。畜产品进口比较分散，但呈逐渐增长趋势。其他商品的进口还包括生皮及生毛皮，动植物油、脂及蜡等。所有这些都反映了两国贸易具有一定的互补性。中国对土地密集型农产品的需求很大，并且这个需求还在不断增长。

表4-2 澳大利亚出口到中国的主要农产品占其出口到中国农产品总量份额

单位:%

代码	项目	1990年	1995年	2000年	2005年	2010年
0	食品及活动物	67.33	6.61	20.03	20.21	27.24
00	活动物	0.24	0.02	0.56	2.33	2.84
01	肉及肉制品	0.58	2.22	1.88	2.63	3.89
02	奶产品和禽蛋类	0.44	0.65	1.86	2.01	3.39
03	鱼类、甲壳类、软体动物	0.20	0.98	1.58	4.60	1.77
04	谷物及谷物制品	65.54	0.36	12.56	6.86	9.09
043	大麦	22.19	0.00	12.49	6.10	4.41
4	动植物油、脂及蜡	2.14	5.65	3.62	4.29	4.48
21	生皮及生毛皮	0.27	4.67	6.47	6.50	13.13
26	纺织品	28.38	81.28	53.48	65.03	49.77
263	棉花	5.61	3.72	0.97	14.29	10.35
268	羊毛或其他动物毛	22.75	77.36	52.41	50.74	39.38
29	初级动物和蔬菜原料	1.86	1.70	1.74	2.70	1.12

资料来源：联合国商品贸易数据库（http://comtrade.un.org/）。

反映某种商品在伙伴市场重要性的信息有利于贸易政策的制定。简单的统计分析，如贸易平衡和贸易份额的分析，比较容易且通俗易懂。但这些统计图表不能从经济学的角度反映贸易的重要性，例如，不能揭示一个国家相对于其他出口国家的专业化趋势。需要使用较复杂的指数来分析那些贸易统计图表未能揭示的贸易的复杂性。显示性比较优势、贸易密集度、产业内贸易的程度和双边贸易的互补性等指数可以揭示贸易双方的利益所在。因此，需要更详细的研究，以理解两国农业贸易模式的变化及其决定因素，为今后开展更广泛的农业贸易打下基础。

（三）农产品贸易集中度

中国和澳大利亚各自农产品市场与贸易伙伴之间关系的紧密程度如何？是否可以有进一步拓展的空间？许多研究都运用贸易强度指数作为双边贸易相对动力

或阻力的指示器,也反映贸易双方的市场关系相对于世界市场关系的紧密程度。测算贸易强度也有很多方法,本节研究用的方法是 Brown(1949)和 Kojima(1964)所提出的方法,出口集中度指数(Trade Intensity Index,TII)被定义如下①:

$$TII_i = \frac{\dfrac{X_{ij}}{X_{iw}}}{\dfrac{M_{jw}}{M_w - M_{iw}}} \qquad (4-1)$$

式中,TII_i 表示国家 i 的出口集中度指数;X_{ij} 表示国家 i 对国家 j 的出口;X_{iw} 表示国家 i 向世界的出口;M_{jw} 表示国家 j 从世界的总进口;M_w 表示世界总进口;M_{iw} 表示国家 i 从世界的总进口。贸易强度指数大于(或小于)1,表示双边贸易流量大于(或小于)预期水平,贸易伙伴国具有较重要(次要)的地位。当一国与另一国的双边贸易额增大时,贸易强度指数上升,即两国的贸易联系会加强。表4-3报告了2000~2010年部分年份中澳两国贸易集中度指数。

中国从澳大利亚进口的食品及活动物,动植物油、脂及蜡的集中度一直很高,尽管中国进口澳大利亚农产品年际之间波动很大,但如果观察2000~2010年的时间序列集中度指数可以发现,两国之间的贸易集中度较高,这反映了中国市场对于澳大利亚农产品的重要性。部分年份两位代码的活动物、生皮及生毛皮和纺织品等与中国市场之间的贸易集中度也很高。中国是澳大利亚奶牛的主要出口对象国。2002年,中国进口的澳大利亚奶牛还不到1万头,2003年上升到4.9万头,2005年上升到6.9万头。牛肉、奶制品和动物油脂出口到中国市场的集中度也很高。

中国出口到澳大利亚市场的劳动密集型产品,如蔬菜水果的贸易集中度指数也很高。中国鱼类、甲壳类、软体动物,动植物油、脂及蜡和饮料等与澳大利亚之间的贸易关系很密切。由于中国农产品质量检测和安全性认证制度很难达到澳大利亚的要求,中国肉类等鲜活农产品很难进入澳大利亚市场,中国对澳大利亚的贸易强度很弱。总体观察所有的农产品可以发现,双方还有很多的农产品的贸易强度很弱且很不稳定,特别对中国来说,澳大利亚市场还有很大的拓展空间,这要取决于双方贸易谈判和各种贸易障碍的消除。从以上分析可以看出,双方贸

---

① 也可以用进口集中度指数反映双边贸易的紧密程度,把式(4-1)的出口和进口值对换即可。

易强度很高的农产品在各自农产品总贸易中都占有很重要的地位。这些贸易强度很高的产品之间的贸易是产业内贸易还是产业间贸易呢?

表 4-3 中国和澳大利亚农产品出口集中度指数

代码	项目	澳大利亚出口到中国			中国出口到澳大利亚		
		2000 年	2005 年	2010 年	2000 年	2005 年	2010 年
0	食品及活动物	1.601	1.608	2.053	0.926	1.259	1.524
00	活动物	2.580	8.534	6.880	0.012	0.000	0.000
011	牛肉	3.561	6.145	3.291	0.000	0.000	0.000
022	牛奶和奶油	1.649	1.584	1.701	0.000	13.534	28.782
04	鱼类、甲壳类、软体动物	3.932	2.037	4.447	1.658	1.464	4.907
05	蔬菜水果	0.903	0.888	0.418	1.895	1.740	1.579
21	生皮及生毛皮	2.126	1.336	2.729	0.000	0.000	0.000
26	纺织品	1.664	2.162	2.286	0.031	1.210	1.380
1	饮料和烟草	0.129	0.573	3.155	1.524	1.997	1.070
4	动植物油、脂及蜡	5.058	4.068	2.843	1.667	1.623	1.865
43	其他动植物油脂	2.829	4.182	0.833	4.003	4.947	2.682
411	动物油脂	3.798	8.892	7.271	0.000	1.113	0.913

资料来源:联合国商品贸易数据库(http://comtrade.un.org/)。

(四)农产品产业内贸易

产业内贸易(Intra - Industry Trade,IIT)指数是衡量贸易伙伴之间贸易结构的重要指标,许多文献讨论了如何测算产业内贸易的程度。通常用格鲁贝尔—劳埃德(Grubel & Lloyd,1975)指数反映,该指数用比率的形式反映进出口是否平衡。计算公式如下:

$$IIT_{ij} = 1 - \frac{|X_{ij} - M_{ij}|}{X_{ij} + M_{ij}} \qquad (4-2)$$

式中,IIT_{ij} 表示国家 i 和国家 j 在某个产业(或产品)上的产业内贸易指数;X_{ij} 表示国家 j 向国家 i 在某个产业的出口;M_{ij} 表示国家 i 从国家 i 商品的进口。当 IIT_{ij} 介于 0~0.5 时,表明该产品的贸易以产业间贸易为主;当 IIT_{ij} 介于 0.5~1 时,表明该产品以产业内贸易为主,说明双方间的贸易具有较强的互补性。

表 4-4 报告了部分产品的产业内贸易指数的变化。

正如笔者预期的那样,两国农产品产业内贸易不断提高。从 1 位代码分析,在食品及活动物、饮料和烟草方面,两国存在产业内贸易。尽管两国间动植物油、脂及蜡类贸易强度很高,但是属于产业间贸易,澳大利亚主要从中国进口这类产品。两国的饮料和烟草类产品在个别年份呈现出产业内贸易的特征。食品及活动物的产业内贸易主要集中在鱼类、甲壳类和软体动物方面,无论是 2 位还是 4 位,两国的产业内贸易基本都很强。糖、糖蜜和蜂蜜,咖啡、茶叶、可可和调味品等产品在不同年份存在一定程度的产业内贸易,但不稳定,这也反映了两国农产品贸易的不稳定性。由于消费传统的差异,中国每年从澳大利亚进口大量的肉杂碎(SITC012),但澳大利亚从来没有从中国进口这些产品,该类产品的贸易主要是产业间贸易。中国近年从澳大利亚进口的牛奶和乳酪制品显著增加,主要是由于酸奶、奶粉和冰激凌等的进口增加。两国的产业内贸易主要集中在食用的干、咸或熏鱼(SITC035)的贸易上,澳大利亚每年从中国进口大量的这类产品。

表 4-4 中国和澳大利亚农产品产业内贸易指数

代码	项目	1990 年	1995 年	2000 年	2005 年	2010 年
0	食品及活动物	0.212	0.963	0.514	0.789	0.647
03	鱼类、甲壳类、软体动物	0.460	0.920	0.715	0.868	0.433
034	新鲜和冷冻鱼	0.926	0.641	0.973	0.675	0.699
0341	新鲜和冷冻整鱼	0.000	0.293	0.370	0.438	0.168
061	糖、糖蜜和蜂蜜	0.000	0.063	0.743	0.477	0.590
0612	其他甘蔗和甜菜糖	0.000	0.018	0.438	0.587	0.102
07	咖啡、茶叶、可可和调味品	0.192	0.896	0.740	0.423	0.297
0819	废弃食物和动物饲料	—	0.429	0.775	0.456	0.931
1	饮料和烟草	0.247	0.517	0.160	0.723	0.314
29	未加工动植物原料	0.642	0.837	0.666	0.397	0.607
4	动植物油、脂及蜡	0.113	0.044	0.079	0.082	0.055
42	固体动植物油脂	0.000	0.036	0.217	0.272	0.655

资料来源:联合国商品贸易数据库(http://comtrade.un.org/)。

总体来说,两国之间的贸易主要是遵循各自的资源禀赋进行,双方在个别产品上存在一定程度的产业内贸易,但总体上产业内贸易程度不高,这也说明两个国家贸易有很大的提升空间。澳大利亚农产品的60%是用于出口,而中国除了个别用来出口的劳动密集型产品,如蔬菜和水果,农产品主要用来满足国内需求。如果中国农产品能够满足澳大利亚对进口质量的要求,澳大利亚对中国食品的需求将是一个很有潜力的市场。

三、中国和澳大利亚农产品贸易的互补性

前文分析了中国和澳大利亚分别在劳动密集型和土地密集型产品上开展贸易,这种贸易现状是否符合两国资源禀赋?两国的产业内贸易程度不高,但两国农产品贸易是否具有进一步开拓的空间?即两国的农产品贸易是否具有互补性?一方具有比较优势的产品则可能是另一方处于比较劣势的产品,这就可能产生由资源禀赋决定的产业间贸易(朱晶等,2006)。前文的分析表明,中国和澳大利亚农产品贸易主要是产业间贸易,在部分产品上存在产业内贸易,如鱼类、甲壳类和软体动物,这是因为一国具有比较优势的产品也会在一定时期内同时发生输入和输出的活动。即发生注重产品多样化和产品质量的产业内贸易,因而双方都存在比较优势的产品也可能进行产业内贸易活动,如中国和澳大利亚在羊毛生产上都具有比较优势,但中国从澳大利亚进口羊毛,制成产品销往澳大利亚。因此,为了更进一步验证前文的研究结论,详细分析中澳两国农产品的贸易互补性以及寻找出两国具有互补性的农产品,这一部分首先运用显示性比较优势方法测算两国主要贸易产品的显示性比较优势指数,其次在此基础上用贸易互补性指数进一步验证两国贸易互补的可能空间。

(一) 显示性比较优势分析

显示性比较优势(Revealed Comparative Advantage,RCA)是把一个国家农产品出口放在世界总的商品贸易的框架下,来考察农业部门的出口潜力。显示性比较优势的概念是巴拉萨(Balassa,1965)提出来的,它表示的是一国总出口中某类商品的出口所占比例相对于世界贸易总额中该商品出口所占比例的大小。国家j生产的s部门(或产品)的显示性比较优势指数的计算方法是:

$$RCA_{sj} = \frac{\dfrac{X_{sj}}{X_{jt}}}{\dfrac{X_{sw}}{X_{wt}}} \quad\quad\quad (4-3)$$

式中，X_{sj} 和 X_{sw} 分别表示国家 j 生产的 s 产品和世界 w 的 s 产品在一定时期 t 的出口量；X_{jt} 和 X_{wt} 分别表示国家 j 和世界 w 在时期 t 的总出口量。如果这个比例大于（或小于）1，就说明一国在某种产品的出口上具有（不具有）显示性比较优势。然而，由于贸易扭曲行为的存在，实际的比较优势和计算出的结果可能不一致，RCA 的计算结果可能产生误导。越是用分解的数据，而不是用加总的数据，即分解得越细，显示性比较优势可能越准确。

表 4-5 中澳农产品显示性比较优势指数

代码	项目	中国	澳大利亚	代码	项目	中国	澳大利亚
中国 RCA<1，澳大利亚 RCA>1				中国 RCA>1，澳大利亚 RCA<1			
001	活动物	0.23	3.97	034	鲜的及冷藏的鱼	1.14	0.36
011	鲜的及冷藏的牛肉	0.03	8.37	037	未另列明的鱼、甲壳及软体动物	2.04	0.23
012	其他肉类及食用内脏	0.13	2.32	054	鲜的及冷藏的蔬菜	1.01	0.91
022	奶、奶油及奶制品	0.01	2.09	056	根及块茎类加工蔬菜或其原料	1.60	0.11
023	奶提取的黄油及其他油脂	0.01	2.18	058	保存的水果及水果制品	1.29	0.25
024	奶酪和凝乳	0.00	1.75	074	茶及马黛茶	1.03	0.09
041	未磨粉的小麦	0.00	7.76	075	香料	1.25	0.15
043	未磨粉的大麦	0.01	9.81	261	丝	7.10	0.27
045	未磨粉的谷物	0.29	1.61	266	纺织用合成纤维	1.54	0.01
048	谷物制品及淀粉制品	0.16	1.12	291	初级动物原料	1.77	0.75
081	牲畜饲料	0.30	1.01				
091	人造黄油及起酥油	0.03	1.23				
112	酒精饮料	0.06	2.13	中国 RCA>1，澳大利亚 RCA>1			
211	生皮（毛皮除外）	0.01	6.81	036	甲壳动物	1.07	1.80
246	木片或碎料材及废材	0.01	11.88	268	羊毛及其他动物毛	1.35	26.20
263	棉花	0.01	4.39				
411	动物油脂	0.18	4.02				

资料来源：联合国商品贸易数据库（http://comtrade.un.org/）。

表 4-5 给出了 2010 年中澳两国分别具有或都具有显示性比较优势的贸易农产品（组/SITC 3 位）的显示性比较优势指数。表 4-5 共分为三个部分：第一部分反映了澳大利亚具有显示性比较优势的农产品；第二部分反映了中国具有显示性比较优势的农产品；而第三部分则反映了中澳双方都具有显示性比较优势的农产品。总体而言，澳大利亚具有显示性比较优势的农产品的种类明显多于中国，即使是两方都具有优势的两类产品，澳大利亚的比较优势也大于中国。故从产品细分层面可知，中澳农产品各有优势，但澳方优势较强，双边贸易具有较强互补性。

除了奶提取的黄油及其他油脂（023）、未磨粉的谷物（045）、谷物制品及淀粉制品（048）、人造黄油及起酥油（091）四组产品外，澳方具有显示性比较优势的农产品在中澳农产品贸易中均占有一席之地。而相比于澳大利亚，中国的优势农产品则主要集中在鱼类、水果和蔬菜类、纺织纤维类等有限的几类劳动密集型产品。可以看出，澳大利亚主要出口土地密集型产品，而中国则主要出口劳动密集型产品。这和两国的农产品贸易特征是基本吻合的。除了羊毛及其他动物毛（068）和甲壳动物（036）之外，中澳两国具有比较优势的农产品很少有重叠。中澳贸易在甲壳动物产品上主要表现为产业内贸易，而在羊毛及其他动物毛产品上则主要为澳大利亚向中国出口。中国需求高质量的用于加工再出口的高质量羊毛，对澳大利亚羊毛有很强的需求。因此，两国在不同的领域开展农产品贸易不具有竞争性，两国贸易具有很强的互补性。

（二）贸易互补性分析

贸易互补性指数（Trade Complementarity Index，TCI）在贸易产品的层面把一个国家的出口专业化模式和另外一个国家的进口专业化模式建立了联系。它是用加权贸易的方法衡量一个国家某个部门所有产品的相对出口份额（RXS_i^k）和另一个国家相对进口份额（RMS_j^k）在多大程度上相匹配。用公式表示如下①：

$$TCI_{ij}^s \equiv \sum_{k \in s} [\theta^k \times RXS_i^k \times RMS_i^k] \qquad (4-4)$$

式中，$RXS_i^k \equiv \dfrac{X_{iw}^k / X_{iw}^s}{X_{ww}^k / X_{ww}^s} = \dfrac{k \text{ 商品在 } i \text{ 国家 } s \text{ 部门的出口份额}}{k \text{ 商品在世界 } s \text{ 部门的出口份额}}$；$RMS_j^k \equiv \dfrac{M_{jw}^k / M_{jw}^s}{M_{ww}^k / M_{ww}^s} \equiv$

---

① 研究互补贸易有很多方法，如 Michaely（1996）所提出的方法。笔者进行了对比分析，但不同研究方法所得出的结果具有一定的差异，其原因有待进一步的研究。

$\dfrac{k\ \text{商品在}\ j\ \text{国家}\ s\ \text{部门的进口份额}}{k\ \text{商品在世界}\ s\ \text{部门的进口份额}}$；$\theta^k \equiv \dfrac{X_{ww}^k}{X_{ww}^s} \equiv k\ \text{商品在世界}\ s\ \text{部门的出口份额}$。

RXS_i^k 是巴拉萨显示性比较优势，RMS_j^k 和它有同样的结构，只是采用的是进口数据而不是出口数据。换句话说，贸易互补性指数是用贸易加权的方式描述了一个出口国家的某个部门的比较优势和另一进口国家比较优势的吻合程度。也就是说，这个指数刻画了出口国家某些产品在国际市场上生产专业化程度与进口国家在国际市场上进口的专业化程度。一般来说，只要在同一部门存在商品进出口，都有不同程度的双边贸易互补性。互补性指数等于1是个界限，如果计算结果大于（或小于）1，就说明出口国家 i 和进口国家 j 之间的贸易互补性比平均水平要高（或低）。如果互补性指数呈向上增长的趋势，说明正在发生的贸易结构的改变提高了资源配置效率，这样的变化很可能增加社会福利。

图4-4 给出了 2000～2010 年澳大利亚出口中国进口的农产品和中国出口澳大利亚进口的农产品的贸易互补性指数。

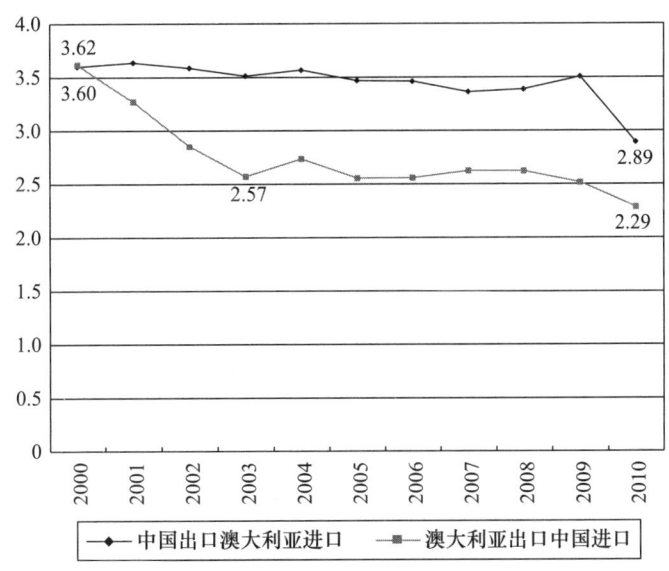

图4-4 中国和澳大利亚农产品互补性指数

从不同年份农产品贸易互补性的变化可以看出，双边贸易具有很强的互补性。中国出口澳大利亚进口的农产品贸易互补性指数大于澳大利亚出口中国进口的农产品贸易互补性指数。这很可能归因于澳大利亚从中国所进口的农产品绝大多数属本地无法供应的产品,且以初级制成品为主的产品,如蔬菜水果的制成品。中国进口的澳大利亚农产品主要是羊毛、肉类、大麦等,这些产品在国内也有部分生产,进口主要满足高端需求,且中国从澳大利亚的进口量占中国市场总的消费量有限。2000~2010 年两国农产品互补性的变动趋势大体是一致的,都在波动中不断下降,但澳大利亚出口中国进口的农产品贸易互补性指数比中国出口澳大利亚进口的农产品贸易互补性指数下降的幅度更大。这说明了澳大利亚为中国提供了很大的市场机会。中国市场对澳大利亚很重要,但机会逐渐减少,如果双方签署自由贸易协定,有助于提高澳大利亚农产品在中国的市场地位,签署自由贸易协定是一个双赢的交易①。

四、研究结论

对于出口导向型的澳大利亚农业来说,中国是其重要的出口市场,但受国内自然气候和中国贸易政策变动的双重影响,中国与澳大利亚农产品贸易呈快速上升趋势,但波动很大。目前,澳大利亚市场对中国农产品出口来说,重要性不强。中国和澳大利亚农产品贸易强度不断增加。中国农业发展虽然有劳动力充裕所决定的低成本优势,但由于基础薄弱、资金缺乏、技术落后等原因,农产品质量不高,农产品的国际竞争力较低;澳大利亚长期以来是一个农产品商品化率较高的国家,农业生产率相对较高,且生产的大部分农产品都出口,农产品具有很强的竞争力。中国可以考虑除农产品贸易之外与澳大利亚开展更广泛的农业合作,因为澳大利亚在农业技术、装备、人才、资金和管理经验方面具有很大的优势。

中国和澳大利亚农产品贸易在很大程度上都是产业间贸易,产业内贸易程度不高。近年来,两国农产品贸易的集中度不断提高。两国农产品贸易在各自比较优势的领域进行,中国和澳大利亚农产品贸易存在很强的互补性,两国农产品贸易具有很大的潜在利益。因此,两国农产品贸易有很大的提升空间,但

---

① 2015 年 6 月 17 日中国和澳大利亚正式签署自由贸易协定,2015 年 12 月 20 日该协定正式生效。

这种贸易空间的提升可能是不平衡的。中国和澳大利亚短时期贸易结构不会发生显著的变化。两国通过建立自由贸易区来健全合作机制将是一个双赢的交易，同时对推动多边农产品贸易改革，为农产品开创公平和开放的国际市场将产生积极的影响。

第五章 中国与印度农产品贸易关系[①]

一、引 言

  中印两国是亚洲邻国,同属经济增长最快的发展中国家,而且同为传统农业大国。自1950年4月1日中印建交以来,由于历史、政治、文化等因素以及印度政府奉行的高度贸易保护主义政策,使得两国经贸往来水平一直较低,两国农产品贸易联系亦很少。直至2003年6月,印度总理瓦杰帕依访华才为中印两国的政治、经贸关系带来了历史性的转折,双边经贸活动日趋频繁,也就是从这个时期开始,中印两国农产品贸易往来变得密切。随后的2005年温家宝总理访印、2006年胡锦涛主席访印以及2008年印度总理曼莫汉·辛格访华等一系列的两国高层互访活动,使得困扰两国关系发展的政治坚冰被逐步打破,给两国经贸的发展带来了前所未有的机遇,取得了突破性的进展。中印两国农产品贸易也在这个时期得到了迅猛发展,双边贸易额不断攀升。虽然中印双边农产品贸易规模的总体趋势不断扩大,但是两国在该领域的贸易关系并非十分密切。2010年,中国成为印度农产品出口的最大目的国,而中国向印度出口农产品的规模却较小,在中国所有农产品出口对象国中,印度排名在十名之后。双边贸易地位的极端不平衡,造成了中国对印度的农产品贸易逆差较大,而且逆差额还呈不断增长的趋势。

[①] 本章内容发表于《国际经贸探索》2012年第7期。

与此同时，由于中印两国在基本国情、经济发展水平和对外贸易结构等方面具有较高的相似性，自然资源和劳动力资源等要素禀赋又趋于雷同，可以预见，在今后相当长的一段时间内，中印农产品贸易必将呈现出既竞争又互补的势态。因此，如何客观认识两国农产品贸易的现状、发展趋势、产品结构、产品比较优势、贸易互补性等对进一步拓展双边贸易空间，挖掘尚未开发或未充分开发的市场潜力，进而获取最大化的贸易利益，是需要我们深入思考并认真研究的问题。

谭晶荣（2004）分析了中印两国农产品的贸易现状，并就两国农畜产品贸易优势和产业内贸易进行了比较。经其比较发现，农畜产品贸易中双方的比较优势都不明显，以产业内贸易为主，产业间贸易为辅。孙东升（2007）在对中国和印度农产品贸易的现状进行研究时发现：中印农产品贸易增长速度较快，但贸易规模却较小，农产品贸易具有贸易集中度较高，以产业间贸易为主，具有一定互补性的特点，认为双边农产品贸易还存在拓展的空间。Sharma（2008）在利用贸易互补性指数对中印农产品贸易的互补性进行分析时发现，如果不把棉花考虑在内，两国农产品贸易互补性指数会大大降低，其他农产品的贸易互补程度并不高。朱晶、陈晓艳（2006）通过对中印农产品贸易互补性及贸易潜力进行分析后发现，中印农产品的贸易互补性在现实贸易中并没有得到充分体现，两国农产品贸易具有进一步开发的潜力。王川、赵俊晔等（2009）通过假设2015年中印开始建立自由贸易（FTA），构建中国和印度农产品出口的贸易引力模型，对双边农产品出口贸易在不同关税削减比例下的发展潜力进行了预测判断。结果表明，在建立中印自由贸易区过程中，无论以何种比例进行关税削减，双边农产品出口都将大幅度增长，并且中国对印度的农产品出口潜力要远大于印度对中国的农产品出口潜力。

中印农产品贸易的具体状况到底怎样？是否真的如上述学者所研究的那样吗？近年来，特别是2008年世界金融危机以后，两国农产品贸易又发生了什么变化？要弄清这些问题就有必要对中印农产品贸易的特征和动态，尤其是近年来双边贸易中的农产品结构以及未来贸易发展前景等进行深入分析和研究。

本章的目标是，利用出口集中度指数、产业内贸易指数、显示性比较优势指数、贸易互补性指数等分析工具，研究中印两国农产品贸易的现状、特征与动态，以衡量双边贸易关系的紧密程度，进而判断双边贸易发展潜力。

二、中国和印度农产品贸易动态

（一）贸易农产品的范围界定和数据来源

关于贸易农产品的范围界定说法不一，不同的国际组织有不同的分类方法。在对贸易双方的贸易增长和贸易结构等方面进行分析时，普遍选用的是 SITC 编码方法。因为该方法比较简洁，对经济学意义上的研究很有帮助，更有利于对商品贸易进行经济分析。根据联合国贸易与发展会议颁布的标准国际贸易分类（Standard International Trade Classification，SITC），贸易农产品包括属于 SITC 分类第 0、第 1、第 2、第 4 类中的全部商品（除第 2 类中的第 27、第 28 章的商品外）。

本书所采用的农产品为联合国商品贸易统计数据库中的 SITC 第 0 类（食品及活动物）、SITC 第 1 类（饮料及烟草）、SITC 第 2 类（非食用原料，燃料除外）中的第 21 章（生皮及生毛皮）、第 22 章（油籽及含油果实）、第 23 章（生橡胶）、第 24 章（软木及木材）、第 25 章（纸浆及废纸）、第 26 章（纺织纤维及其废料）、第 29 章（其他动植物原料）以及 SITC 第 4 类（动植物油、脂及蜡）。

为与前文及后续章节保持数据的一致性和连贯性，本书采用 SITC Rev.3 的商品分类方法。中国和印度的贸易数据均来源于联合国商品贸易统计数据库（UN Comtrade Database）。

（二）农产品贸易趋势

从中国市场的角度观察两国农产品贸易（份额）关系时可以发现（见图 5-1），1992~2010 年，无论是中国向印度出口的农产品贸易份额占总出口份额的比例，还是中国从印度进口的农产品贸易份额占总进口份额的比例都存在着较大的波动，并且两个数值一直较小。前一比例数值最大时仅为 1.79%，后一数值最大时为 2.39%，由此可见，在农产品贸易领域，印度对中国而言重要性十分有限。

从中国出口角度来看,在过去的十几年中,中国出口印度的农产品份额波动幅度较大,但从2006年起,中国对印度的出口有所反弹,即从2006年的0.72%升至2010年的1.21%。但从中国进口角度来看,中国对印度进口的骤升骤降现象较突出,基本没有体现出稳定上升或下降的发展态势。

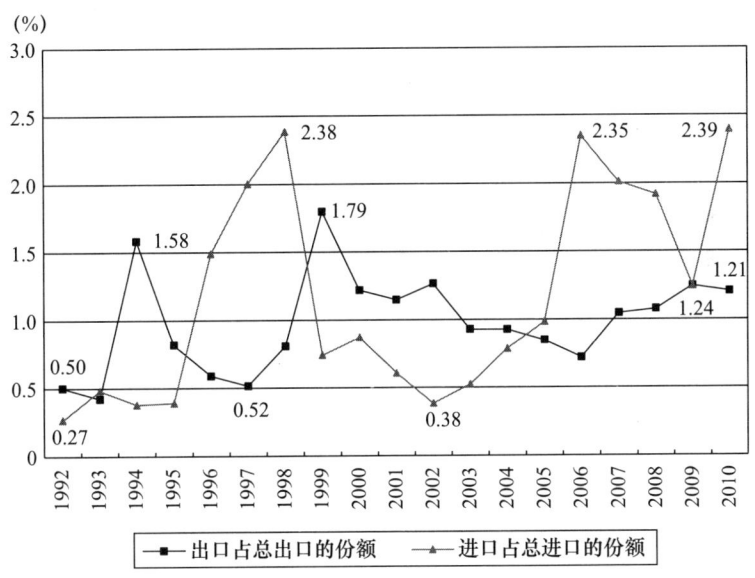

图5-1 中国农产品出口到印度和中国从印度进口农产品的份额

从印度市场方面观察两国农产品贸易(份额)关系时可以发现(见图5-2),1988~2010年,无论是从印度出口角度还是进口角度来观察,两份额同样处于剧烈的波动中。而有所不同的是,自1998年开始,虽然两值都存在着较大波动,但已显示出一定趋势。从印度出口的角度来看,从1998年的1.88%增长至2010年的12.00%,增长超过6倍。其中,在2004~2006年和2009~2010年这两个时期内,增长幅度明显,这主要源于中印两国关系的改善。总之,对印度而言,中国市场显得越来越重要,中国已逐步成为印度农产品出口的重要目的国。而从印度进口的角度来说,1999~2010年,其进口份额虽在波动中有所下降,但总体来看,变化不大(从3.86%降至3.16%)。

从两国农产品贸易总量来看(见图5-3),1992~2005年,中国对印度的农产品进出口额一直都较小,双边贸易在波动中进行,增长趋势不明显;两国农产品贸易的差额亦不稳定。但自2005年以后,中国从印度进口额骤然增加,趋势

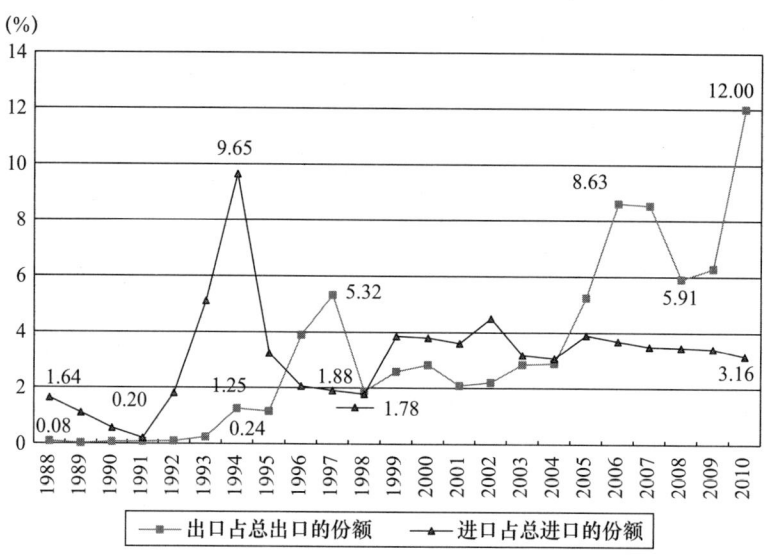

图 5-2 印度农产品出口到中国和印度从中国进口农产品的份额

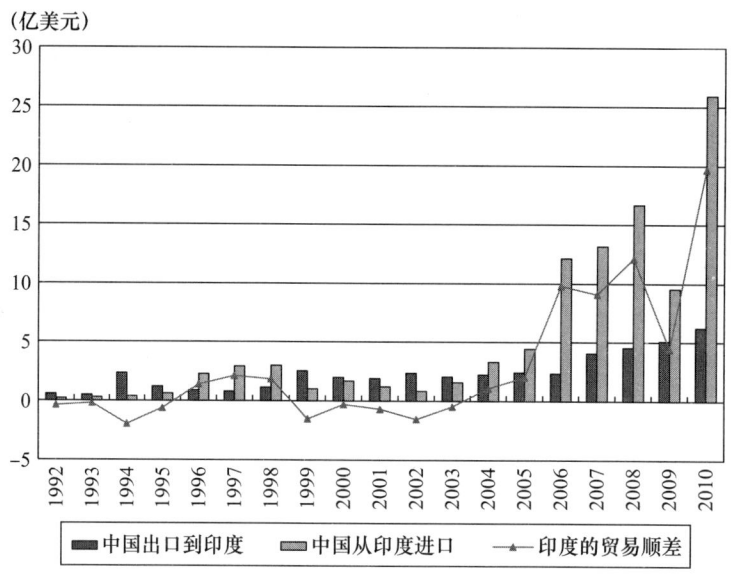

图 5-3 中国与印度的农产品贸易关系

明显且增幅较大,年均增长高达 42.30%。与此同时,中国出口到印度的数额虽有增长但速度却相对较慢,年均增长为 20.69%。结果导致 2006 年以后印度对中国农产品贸易顺差急剧上升。由此可见,进口增长速度快于出口增长速度正是中国对印度农产品贸易逆差持续扩大的直接原因。

值得一提的是,由于 2008 年国际市场农产品价格暴涨,印度对中国的农产品贸易顺差比 2007 年增长了 33.18%。但是,2009 年中国从印度进口农产品额比 2008 年的数额大幅下降(约下降 42.74%),直接导致印度的贸易顺差大幅跳水(约下降 63.29%),主要是因棉花进口数量大幅减少所致。在减少的总进口额中,仅棉花一项减少额就占到了 71.86%。由于国内棉花产量增加、国际棉价上涨、国家增加储备棉抛售、金融危机对供需的影响等因素,造成了中国对印度的棉花进口全面下降。

除棉花进口减少外,受世界经济衰退影响,中国食品加工和糖果饼干行业遇到了很大困难,纷纷缩小生产,造成各项农产品进口普遍需求下降。然而,到 2010 年中国从印度进口棉花的进口额却急剧反弹,比 2009 年增加了近 4 倍,占农产品总进口额的 68.48%。剔除价格变动因素,单从进口数量(吨)来看,增加亦近 3 倍。截至 2010 年,中印农产品贸易差额由 1992 年的印度逆差 0.37 亿美元增加到了 2010 年的印度顺差 19.70 亿美元,而且该趋势将极可能持续下去。

从贸易农产品细分角度分析(见表 5-1),中国出口到印度的农产品一直以来主要集中在纺织纤维及其废料产品(从三位代码来看,主要产品为丝)。然而,该产品占中国出口到印度农产品总量的比例却一直在下降,且下降幅度较大,从 1992 年的 89.05% 下降到 2010 年的 41.91%。这主要是由于印度国内织绸业发展较快、中国国内需求增加以及该产品遭遇印度反倾销调查所致。但是目前印度生产丝的等级和质量都不如中国,在短期内要摆脱对中国丝的进口不太现实,故丝仍然是中国在印度市场最具发展潜力的农产品。

表 5-1 中国出口到印度的主要农产品占其出口到印度所有农产品的份额

单位:%

代码	项目	1992 年	1995 年	2000 年	2005 年	2010 年
0	食品及活动物	8.64	23.94	16.79	19.27	34.83
05	蔬菜及水果	6.40	20.84	4.22	11.60	23.64
054	鲜的及冷藏的蔬菜	4.90	17.16	3.86	7.89	9.96

续表

代码	项目	1992 年	1995 年	2000 年	2005 年	2010 年
057	水果及坚果（不包括油用坚果）	1.48	3.67	0.10	1.99	10.46
07	咖啡、茶、可可、香料及其制品	0.89	2.66	2.15	3.71	3.94
075	香料	0.89	2.64	1.98	3.22	3.25
23	生胶	0.02	0.14	1.05	8.72	11.46
232	合成橡胶、再生橡胶及废胶	0.02	0.14	1.05	8.72	9.88
26	纺织纤维及其废料	89.05	69.21	77.49	65.07	41.91
261	丝	87.44	68.92	67.73	55.68	34.12
29	初级动物及蔬菜原料	1.22	2.45	3.63	5.47	9.34
292	未另列明的植物原料	0.34	0.56	0.08	1.69	8.28

资料来源：根据联合国商品贸易统计数据库（http://comtrade.un.org）数据整理所得。

与此同时，食品及活动物、生胶、初级动物及蔬菜原料这三种产品的出口份额则均出现不同程度的增加。其中，食品及活动物（主要为蔬菜、水果及香料）所占的出口份额虽在不同年份出现波动，但增长的份额最大，期间增加了26.19%。生胶产品则从微不足道的0.02%跃升至11.46%。初级动物及蔬菜原料产品在此期间亦显示出较强的增长趋势，其所占份额从1.22%增长到9.34%。总体来看，中国出口印度的农产品集中于有限几个类别，主要是丝、生胶、蔬菜和水果等劳动密集型产品，其余大部分农产品在所有农产品出口中所占的比例一直较小。

相比之下，从两位代码贸易农产品来看，随着时间的推移，印度出口到中国的贸易农产品结构更显单一，更缺乏多元化。从表5-2中可以看出，1992年印度出口到中国的贸易份额超过10%的有初级动物及蔬菜原料，饲料（不包括未碾磨谷物），鱼类、甲壳类及软体动物这三种产品，而到了2010年，出口到中国的贸易份额超过10%的仅剩下纺织纤维及其废料类产品。其中，仅纺织纤维及其废料（主要为棉花）这一类产品所占的比例就高达近70%，且一直呈现出较强的增长态势。从2004年开始，棉花成为最重要的交易产品，在过去的几年间，其份额增长了66.24%。同期，食品及活动物（主要为鱼类、甲壳类及软体动物，饲料），动植物油、脂和蜡（主要为植物油脂）这两大类一位代码农产品在印度对中国的农产品出口贸易中所占的比例一直相对较大。但是，其他农产品的出口贸易份额波动都较大，没有显示出或增或减的明显趋势。由以上分析可以看出,印度出口到中国的主要农产品已由过去的劳动密集型产品转变为土地密集型产品。

表 5-2 印度出口到中国的主要农产品占其出口到中国所有农产品的份额

单位:%

代码	项目	1992 年	1995 年	2000 年	2005 年	2010 年
0	食品及活动物	55.60	66.08	73.17	39.96	16.99
03	鱼类、甲壳类及软体动物	15.42	18.59	66.54	25.69	9.26
034	鲜的及冷藏的鱼	12.65	12.00	45.56	18.33	7.46
036	甲壳动物和软体动物等	2.77	6.59	20.69	5.59	1.39
08	饲料(不包括未碾磨谷物)	32.74	38.79	4.92	11.70	6.44
081	牲畜饲料(不包括未碾磨谷物)	32.74	38.79	4.92	11.70	6.44
26	纺织纤维及其废料	3.21	2.90	3.22	36.06	69.45
263	棉花	0.00	2.44	2.06	32.56	65.31
29	初级动物及蔬菜原料	35.31	1.38	9.15	6.42	2.69
292	未另列明的植物原料	35.31	1.23	8.97	5.92	1.74
4	动植物油、脂和蜡	0.02	26.85	13.64	8.01	8.75
42	植物油脂	0.00	26.48	13.52	7.96	7.94
422	未加工或精制的非挥发性植物油脂	0.00	26.48	13.52	7.95	7.88

资料来源:根据联合国商品贸易统计数据库(http://comtrade.un.org)数据整理所得。

从三位代码(组)的产品细分角度来看,两国贸易在主要农产品中仅有未另列明的植物原料类产品(代码:292)相近,可见,中印农产品贸易具有较强的互补性,竞争性则不显著。通过对中印农产品贸易的现状分析,我们可以清楚地看出,中印双边贸易规模与两国人口、经济总量和巨大的潜在市场需求相比极不相称,两国农产品贸易互补潜力并未得到充分发挥,双边贸易可拓展的空间仍然较大。

通过对上述相关的统计图表分析,我们已对中印两国农产品贸易的趋势和结构等情况有了基本的认识,但从经济学角度来看,则未能很好地解释两国农产品贸易的特征。因此,为了进一步分析和认识中巴两国农产品贸易的结构、优势等特征,选用了出口集中度指数、格鲁贝尔—劳埃德(G-L)指数、显示性比较优势指数和贸易互补性指数来对中印农产品贸易的历史及现状进行剖析。

(三) 农产品贸易集中度

相对于出口国自身在全球贸易中的地位，一国同某一贸易伙伴的实际份额是否达到了预期的水平？这里我们引入贸易强度指标，这一指标从相对意义上反映了出口国相对于某一贸易伙伴的竞争力是否达到了其在世界市场上的平均水平，也可以反映出与世界市场相比出口国与某一目标贸易国之间联系的密切程度。衡量贸易集中度的方法有很多，本节采用 Brown（1949）和 Kojima（1964）提出的测算方法，出口集中度指数（Trade Intensity Index，TII）公式如下：

$$TII_i = \frac{X_{ij}/X_{iw}}{M_{jw}/(M_w - M_{iw})} \tag{5-1}$$

式中，TII_i 表示国家 i 的出口集中度指数；X_{ij} 表示国家 i 对国家 j 的出口；X_{iw} 表示国家 i 向世界的出口；M_{jw} 表示国家 j 从世界的总进口；M_w 表示世界总进口；M_{iw} 表示国家 i 从世界的总进口。贸易强度指数大于（或小于）1，表明出口国对目标市场的出口大于（或小于）该国在世界市场上的平均水平，贸易伙伴国具有较重要（或次要）的地位。当两国双边贸易额增大时，出口集中度指数会随之上升，双边贸易联系加强。表 5-3 反映了 2000~2010 年部分年份中印两国农产品出口集中度指数。

表 5-3　中国和印度农产品出口集中度指数

代码	项目	印度出口到中国			中国出口到印度		
		2000 年	2005 年	2010 年	2000 年	2005 年	2010 年
0	食品及活动物	1.891	1.534	1.105	1.189	0.525	1.024
03	鱼类、甲壳类及软体动物	3.797	2.279	2.361	0.138	0.164	0.104
034	鲜的及冷藏的鱼	8.473	5.579	4.204	0.024	0.145	0.004
036	甲壳动物和软体动物等	1.591	1.074	0.688	0.567	0.202	0.226
05	蔬菜及水果	0.150	0.162	0.155	0.355	0.328	0.644
054	鲜的及冷藏的蔬菜	0.156	0.268	0.011	1.414	0.418	0.375
057	水果及坚果（不包括油用坚果）	0.115	0.031	0.133	0.041	0.350	1.922
075	香料	0.240	0.926	2.425	1.788	0.419	0.923
081	牲畜饲料（不包括未碾磨谷物）	0.420	1.988	1.432	6.524	1.845	1.822
232	合成橡胶、再生橡胶及废胶	0.026	1.068	0.434	1.834	3.840	1.898
261	丝	2.818	8.363	8.964	1.880	1.192	1.204

续表

代码	项目	印度出口到中国			中国出口到印度		
		2000年	2005年	2010年	2000年	2005年	2010年
263	棉花	4.192	1.688	1.378	1.504	0.161	—
29	初级动物及蔬菜原料	2.067	2.911	2.454	1.925	1.821	3.070
292	未另列明的植物原料	3.156	3.937	2.251	0.112	1.244	4.448
42	植物油脂	2.078	1.537	2.189	0.055	0.009	0.009

资料来源：根据联合国商品贸易统计数据库（http://comtrade.un.org）数据整理所得。

中国从印度进口的农产品中出口集中度较高的主要是鱼类、甲壳类及软体动物，牲畜饲料（不包括未碾磨谷物），香料，丝，棉花，未另列明的植物原料，植物油脂等产品。从表5-3中的2000~2010年出口集中度指数来看，丝产品的集中度指数随着时间推移而不断增加，且增加的幅度较大；而其他产品的出口集中度指数的年际波动则较大。但值得注意的是，丝产品的出口集中度指数虽然最高，但其占印度出口到中国的所有农产品的份额则很小，该份额在2010年还不足总额的0.1%。

鱼的出口集中度指数仅次于丝。相较中国而言，印度的渔业资源十分丰富，不仅海岸线长达6000多公里，而且陆上水域广阔，河道纵横，有约226万公顷可供养殖的鱼场和水池，渔业开发前景广阔。未另列明的植物原料组的产品出口集中度一直较高，主要是由于印度为全球植物汁液及提取液（属于未另列明的植物原料组）的主产国，其出口的具体产品主要包括藤黄果提取物、姜黄提取物、乳香提取物等。此外，在部分年份中，三位代码的香料（075）、合成橡胶、再生橡胶及废胶（232）的出口集中度也较高。

中国出口到印度的农产品中出口集中度较高的产品为牲畜饲料（不包括未碾磨谷物），合成橡胶、再生橡胶及废胶，丝，未另列明的植物原料等产品，其他大部分农产品的出口集中度还很低，且波动较大甚至在某些年份出口量可以忽略不计。这也就意味着，对中国而言，印度市场还存在着较大的拓展空间。其中，未另列明的植物原料组产品的出口集中度在过去的10年间一直在上升，而牲畜饲料组产品的集中度指数则在迅速下降。

从表5-3中我们很容易发现，0部门（食品及活动物）内的各项产品（除牲畜饲料外）虽然出口份额较大（见表5-1），但其年际出口集中度指数多数较小,这说明印度并非中国0部门产品的重要出口目的地。现实情况是,2010年,日本、印度尼西亚和韩国为中国的鲜及冷藏的蔬菜(054)产品的前三位出口对象国,水果及坚果(057)产品的前三位出口对象国为印度尼西亚、越南和俄罗斯。表5-3中其他出口集中度指数较大的农产品主要为中国出口到印度所占出口份额较大的农产品。

结合对表5-1、表5-2和表5-3的分析可以发现,除个别农产品外,中印两国出口集中度较高的农产品在各自农产品总出口中都占有十分重要的地位。但这些贸易强度很高的农产品贸易在中印双边贸易中到底是产业内贸易还是产业间贸易呢?

(四) 农产品产业内贸易

产业内贸易(Intra-Industry Trade,IIT)指数是说明产业内贸易水平的主要指标,用于衡量贸易伙伴之间贸易结构。20世纪60年代以来,西方学者建立了许多专门用于测算产业内贸易程度的指标,在众多的方法中,比较常用的产业内贸易测定方法是格鲁贝尔和劳埃德(Grubel & Lloyd,1975)提出的产业内贸易指数(即G-L指数)。其表达式如下:

$$IIT_{ij} = 1 - \frac{|X_{ij} - M_{ij}|}{X_{ij} + M_{ij}} \qquad (5-2)$$

式中,IIT_{ij}表示国家i和国家j在某个产业(或产品)上的产业内贸易指数;X_{ij}表示国家j向国家i某个产品的出口;M_{ij}表示国家j从国家i某个产品的进口。IIT_{ij}介于0~0.5,表明该产品的贸易以产业间贸易为主;IIT_{ij}介于0.5~1,表明该产品以产业内贸易为主,说明双方之间的贸易具有较强的互补性;$IIT_{ij}=0$,表明该产品的贸易全部为产业间贸易;$IIT_{ij}=1$,表明该产品的贸易全部为产业内贸易。因此,产业内贸易指数在0~1变动,IIT_{ij}越接近0,说明产业间贸易程度越高;IIT_{ij}越接近1,说明产业内贸易的程度越高。表5-4列出了1995~2010年个别年份的中印两国部分农产品的产业内贸易指数的变化情况。

表5-4 中国和印度农产品产业内贸易指数

代码	名称	1995年	2000年	2005年	2008年	2009年	2010年
0	食品及活动物	0.978	0.423	0.465	0.456	0.938	0.700
03	鱼类、甲壳类及软体动物	0.007	0.001	0.012	0.009	0.006	0.009

续表

代码	名称	1995年	2000年	2005年	2008年	2009年	2010年
034	鲜的及冷藏的鱼	0.000	0.000	0.008	0.000	0.000	0.000
036	甲壳动物和软体动物等	0.022	0.001	0.009	0.012	0.000	0.014
04	谷物及谷物制品	0.390	0.001	0.670	0.311	0.229	0.572
054	鲜的及冷藏的蔬菜	0.002	0.877	0.997	0.984	0.256	0.635
057	水果及坚果（不包括油用坚果）	0.179	0.282	0.058	0.020	0.102	0.088
075	香料	0.019	0.087	0.235	0.250	0.175	0.664
081	牲畜饲料（不包括未碾磨谷物）	0.029	0.223	0.085	0.053	0.127	0.104
098	杂项食品及其制品	0.516	0.988	0.377	0.211	0.115	0.129
232	合成橡胶、再生橡胶及废胶	0.060	0.036	0.046	0.910	0.759	0.287
24	软木及木材	0.000	0.902	0.661	0.848	0.582	0.391
261	丝	0.024	0.021	0.011	0.000	0.020	0.079
263	棉花	0.000	0.014	0.000	0.019	0.009	0.000
292	未另列明的植物原料	0.721	0.030	0.513	0.990	0.645	0.636
4	动植物油、脂和蜡	0.200	0.061	0.074	0.421	0.026	0.026
42	植物油脂	0.200	0.035	0.005	0.407	0.003	0.001

资料来源：根据联合国商品贸易统计数据库（http://comtrade.un.org）数据整理所得。

表5-4表明，除个别农产品外，中印两国贸易强度高的农产品大部分为产业间贸易。例如，中国从印度进口的鱼、甲壳及软体动物，牲畜饲料（不包括未碾磨谷物），棉花，植物油脂；中国出口到印度的丝、水果及坚果，这些产品的产业内贸易指数基本上接近于0。近十几年来，中国一直从印度进口上述四种产业内指数较低的农产品，而中国向印度出口这些产品的数量则较少甚至在某些年份没有出口；印度从中国进口丝、水果及坚果，但中国从印度进口这些产品同样较少。可见，上述提到的产品主要为产业间贸易。

表5-4中，在双边贸易中占有一定份额的未另列明的植物原料组产品则体现为产业内贸易。同时，谷物及谷物制品，鲜的及冷藏的蔬菜，杂项食品及其制品，香料，合成橡胶、再生橡胶及废胶，软木及木材等类别的产品在不同年份存在着产业内贸易的现象，但产业内贸易指数一直处于波动当中，且波动幅度亦较大。这说明上述产品的双边贸易极不稳定。

通过对中印农产品产业内贸易指数的分析可以看出，两国的农产品贸易虽在个别种类出现产业内贸易，但总体上产业内贸易程度不高。两国农产品贸易主要为产业间贸易,其贸易总额所占的比重亦较大。这说明两国农产品产业内贸易还存在着较大的提升空间,若能进一步促进产业内贸易的发展,双方将能获利。

三、中国和印度农产品贸易的互补性

中印农产品贸易到底是互补的还是竞争的,是否还具有进一步发展的潜力?本节利用显示性比较优势指数来测算出两国贸易农产品的比较优势,从而可以更直观地从产品层面上分析贸易的互补性;在此基础上引入贸易互补性指数,从总体贸易结构层面分析贸易的互补性,以衡量双边贸易关系的紧密程度,进一步判断贸易发展的潜力。

(一) 显示性比较优势分析

显示性比较优势(Revealed Comparative Advantage,RCA)指数又称相对出口绩效指数(Relative Export Performance,REP),是美国经济学家巴拉萨(Balassa,1965)提出且广泛应用的比较优势测度指数,它表示一个国家某种商品占其出口总值的份额与世界该类商品占世界出口份额的比率。国家 i 生产的 k 类产品的显示性比较优势指数的计算方法如下:

$$RCA_{ik} = \frac{\dfrac{X_{ik}}{X_{wk}}}{\dfrac{X_{it}}{X_{wt}}} \tag{5-3}$$

式中,X_{ik} 和 X_{wk} 分别表示国家 i 的 k 类产品和世界 w 的 k 类产品在一定时期 t 的出口量,X_{it} 和 X_{wt} 分别表示国家 i 和世界 w 在时期 t 的总出口量。如果这个比例大于(或小于)1,就说明一国在某种产品的出口上具有(或不具有)显示性比较优势。但应注意的是,由于国际市场尤其是农产品国际市场并不是完全竞争市场,各国存在着各种各样的贸易保护政策,从而造成显示性比较优势指数不能准确反映产品在国际市场上的比较优势或竞争能力。RCA 分析方法仅是利用一国已发生的农产品贸易数额进行分析,属于事后研究方法,故其分析结果与实际的比较优势可能不一致。因此,在进行显示性比较优势分析时越是用分解的数据,而不是用加总的数据,即分解得越细,显示性比较优势可能越准确。

经过贸易细分数据计算而得到的 RCA 指数主要用于分析贸易双方的显示性比较优势差异,从而可以判断双边贸易到底是否具有拓展的空间。如果两国的 RCA 结构相似,则双边可能扩大产业内贸易;如果 RCA 结构差异较大,则产业间贸易的空间较大。

表 5-5 列出了 2010 年中印两国分别具有或都具有显示性比较优势的贸易农产品(组/SITC 3 位)的显示性比较优势指数。表 5-5 共分为三个部分:第一部

表 5-5 中印农产品显示性比较优势指数

代码	名称	中国	印度	代码	名称	中国	印度
	中国 RCA <1,印度 RCA >1				中国 RCA >1,印度 RCA <1		
011	鲜的及冷藏的牛肉	0.03	3.39	037	未另列明的鱼、甲壳及软体动物	2.04	0.80
025	禽蛋及蛋黄	0.29	1.06	056	根及块茎类加工蔬菜或其原料	1.60	0.70
042	稻米	0.22	8.76	058	保存的水果及水果制品	1.29	0.41
044	未磨粉的玉米	0.01	1.45	268	羊毛及其他动物毛	1.35	0.60
045	未磨粉的谷物	0.29	2.06	291	初级动物原料	1.77	0.68
047	其他谷物的粗粉及细粉	0.03	1.10		中国 RCA >1,印度 RCA >1		
061	糖、糖浆及蜂蜜	0.18	1.90	034	鲜的及冷藏的鱼	1.14	1.05
071	咖啡及其代用品	0.04	1.33	036	甲壳动物	1.07	3.99
081	牲畜饲料	0.30	2.27	054	鲜的及冷藏的蔬菜	1.01	1.07
121	未加工的烟草及烟草废料	0.51	4.21	074	茶及马黛茶	1.03	6.44
222	油籽及含油果实 (提炼"软性"植物油)	0.10	1.03	075	香料	1.25	10.78
223	油籽及含油果实 (提炼其他植物油)	0.36	1.01	261	丝	7.10	1.30
263	棉花	0.01	13.50	266	纺织用合成纤维	1.54	3.55
264	黄麻、生麻、短麻及下脚麻	0.01	29.37				
265	植物纺织纤维	0.12	5.66				
267	其他纺织用人造纤维及其下脚	0.58	2.64				
269	其他旧纺织纤维制品	0.04	1.15				
292	未另列明的植物原料	0.51	1.85				
422	未加工或精制的 非挥发性植物油脂	0.01	1.09				

资料来源:根据联合国商品贸易统计数据库(http://comtrade.un.org)数据整理所得。

分反映了印度具有显示性比较优势的农产品;第二部分反映了中国具有显示性比较优势的农产品;而第三部分则反映了中印双方都具有显示性比较优势的农产品。总体来看,印度具有显示性比较优势的农产品种类远多于中国,且差异明显,即使是两方都具有优势的产品,印度的比较优势也明显大于中国。故从产品细分层面可知,中印农产品各有优势,但印方优势较强,双边贸易具有较强互补性。

与中国相比,印度的显示性比较优势指数最明显的是棉花(263),黄麻、生麻、短麻及下脚麻(264),稻米(042)这三组产品。近年来,中国几乎每年都从印度大量进口棉花,但其他两组产品的双边贸易额较小,基本上可忽略不计。而相比于印度,中国的优势农产品则主要集中在未另列明的鱼、甲壳及软体动物,根及块茎类加工蔬菜或其原料,保存的水果及水果制品,羊毛及其他动物毛,初级动物原料等有限的几组劳动密集型产品。之所以如此,与两国的农业生产资源禀赋密切相关。两国重叠的优势农产品不多,但总体来说,印度的优势较明显。

进一步,具体到三位代码的农产品,印度的香料和茶比较优势明显,而中国具有比较优势的是丝产品。综合表 5-1 和表 5-2 可以看出,在实际贸易过程中,中印农产品贸易的互补性并没有得到充分体现。

因此,两国应在优势重叠的农产品领域开展产业内贸易,而在优势差异的农产品领域进行产业间贸易,这样可进一步拓展两国贸易空间,实现双赢。然而,对于两国农产品出口而言,显然中国已成为印度重要的农产品出口目的地,而印度市场对中国农产品出口贸易的重要性并没有凸显出来。鉴于双方这种不平衡的农产品贸易地位和印度在土地密集型农产品上明显的比较优势,中印两国贸易空间的拓展可能更有利于印度农产品的出口,果真如此,这将会进一步扩大中国对印度的农产品贸易逆差。

(二)贸易互补性分析

为了分析中国与印度农产品贸易总体结构层面的互补性,本书在显示性比较优势指数的基础上引入贸易互补性指数(Trade Complementarity Index,TCI),用于评价贸易双方关系的紧密程度。其计算公式如下:

$$TCI_{ij}^s \equiv \sum_{k \in s} [\theta^k \times RXS_i^k \times RMS_j^k] \qquad (5-4)$$

式中，$RXS_i^k \equiv \dfrac{X_{iw}^k/X_{iw}^s}{X_{ww}^k/X_{ww}^s} \equiv \dfrac{k\text{ 商品在 } i \text{ 国家 } s \text{ 部门的出口份额}}{k\text{ 商品在世界 } s \text{ 部门的出口份额}}$；$RMS_j^k \equiv \dfrac{M_{jw}^k/M_{jw}^s}{M_{ww}^k/M_{ww}^s} \equiv$ $\dfrac{k\text{ 商品在 } j \text{ 国家 } s \text{ 部门的进口份额}}{k\text{ 商品在世界 } s \text{ 部门的进口份额}}$；$\theta^k \equiv \dfrac{X_{ww}^k}{X_{ww}^s} \equiv k$ 商品在世界 s 部门的出口份额。

RXS_i^k 表示巴拉萨显示性比较优势指数，用出口来衡量国家 i 在 k 类产品上的比较优势；RMS_j^k 则是用进口来衡量国家 j 在 k 类产品上的比较劣势。如果出口国的比较优势结构和进口国的比较劣势结构刚好吻合，则双边贸易具有互补性，增长潜力强；否则，贸易发展的潜力受限。互补性指数等于 1 是个界限（两国各产品的比较优势相同，该指数为 1），如果该指数大于（或小于）1，这说明两国间双边贸易的互补性较于其他市场的平均互补水平要高（或低）。如果该指数呈增长趋势，则说明变化中的贸易结构将使该国能更有效地利用贸易伙伴国及全球的资源，并且极有可能提高其福利水平（Vollrath & Johnston，2001）。

图 5-4 显示的是 2000~2010 年印度出口与中国进口农产品和中国出口与印度进口农产品的贸易互补性指数。

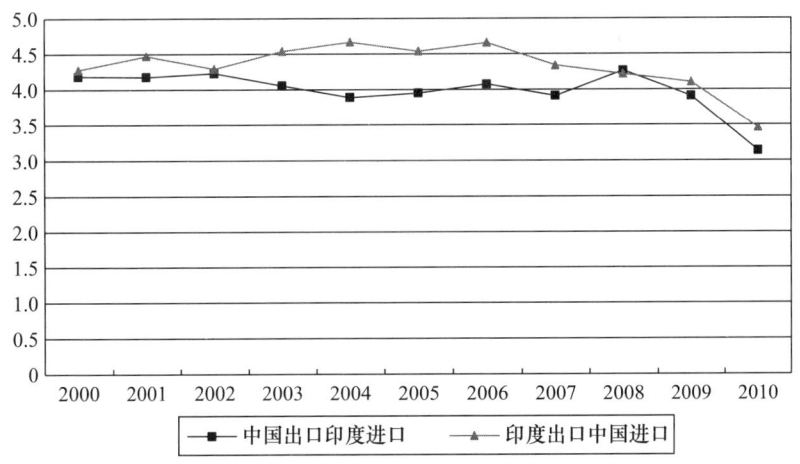

图 5-4 中国和印度农产品贸易互补性指数

从图 5-4 中所显示的 2000~2010 年两国农产品贸易互补指数变动趋势看，中印农产品贸易有一定的互补性也有潜在的贸易拓展空间。然而，印度出口与中国进口的贸易互补性指数明显大于中国出口与印度进口的贸易互补性指数，造成这一现象的原因主要在于，两国同为新兴经济体，人口众多，中国经济发展水平稍领先于印度,在农产品贸易过程中,中国市场是印度农产品最重要的出口目的地,而对中国农产品出口而言,印度市场的重要性相对较弱。

在观察期内,中印农产品贸易互补性指数一直波动较小;但该指数于2008~2011年下降明显。这与2008年爆发的国际金融危机不无关系。危机爆发以来,外部经济环境不断恶化,世界经济不稳定性、不确定性较突出,中印两国均调整了其对外贸易政策。此外,印度政府一直以来都奉行高度贸易保护主义政策,采取高关税以及非关税贸易壁垒政策,以阻止进口。这些因素都对双边农产品贸易造成了直接或间接影响。然而,根据历史经验和实际情况预测,中印双边农产品贸易的发展前景仍然乐观,印度出口到中国的农产品还会不断增加,双方贸易发展空间依然较大。若能消除阻碍贸易发展的因素,必将给贸易双方带来较大利益,但双方所获取的利益可能是不对等的。

四、研究结论与讨论

虽然中国与印度建交早,但由于两国均为农业大国、小农经济为主,又同为新兴经济体,加上地缘政治的原因,在较长一段时间内,两国农产品贸易一直在低水平徘徊。进入21世纪之后,得益于双方经济成长和世界贸易市场的开放,双边农产品贸易呈现明显上升势头,但这种显现出来的增加趋势与增长潜力相比,仍有相当大的提升空间。

研究表明,第一,中印农产品贸易发展较快,且呈现不断增长的趋势。但双方贸易地位是不对等的,中国存在着巨额的贸易逆差,且逆差呈不断增加趋势。第二,两国农产品贸易基于各自的要素资源禀赋,中国向印度主要出口劳动密集型农产品,而印度向中国则主要出口土地密集型农产品。第三,中印两国农产品贸易的出口集中度较高,但主要为产业间贸易,产业内贸易程度低。第四,中印两国贸易农产品的比较优势差异明显,农产品出口的竞争力与其贸易结构基本一致。第五,中印两国农产品贸易具有一定的互补性,印度向中国出口农产品的互补性明显大于中国向印度出口农产品的互补性。

虽然本章研究表明中印农产品贸易规模与两国的市场容量不相称,鉴于中印两国经济发展潜力和扩展的市场需求,显然,两国农产品贸易有较大的发展潜力,但贸易合作关系的加强极有可能导致中国在农产品贸易上的逆差加大,从而在双边农产品贸易关系中处于被动局面。因此,加强中印双边农产品贸易的分析和研究,寻找促进中国农产品在印度市场贸易增长的方法和路径对双方建立持续稳定的贸易关系非常必要。

我们也要注意到,印度和中国相似,大量人口的收入和就业都依赖农业,也经历过食物短缺,1947年印度独立后,自给自足是其农业政策的基本出发点(文富德,2003)。经历过20世纪90年代初的农业经济改革后,农业贸易政策以出口为导向,试图通过出口带动其国内收入与就业增加,农产品进口贸易壁垒水平依然很高。

相比较而言,在过去的30年里,中国对农业的政策干预发生了巨大的变化,中国已经成为世界上农业干预最少的国家之一,中国农业经济已基本融入全球市场(黄季焜等,2008),在农产品贸易上,中国更倾向生产具有比较优势的农产品。

中印两国农产品市场开放程度不同及经济发展水平的差异,食物安全在各自经济体系中的考量也不同,尤其是随着中国劳动力禀赋的减弱,这很可能影响双方能否最终达成FTA。实际上,印度与南亚国家早在2004年就建立了自由贸易区,其与韩国、日本也建立了自由贸易区,与欧盟之间的FTA也在谈判中①,唯独与中国,印度相当谨慎。目前看,两个国家同时加入一个较大区域性的经济贸易协定,如RCEP②,也许比较现实。

---

① 印度与南亚自由贸易区涉及的国家包括孟加拉国、印度、尼泊尔、斯里兰卡、不丹、马尔代夫、巴基斯坦、阿富汗;印度与韩国、日本的FTA分别在2010年和2011年生效;2007年,印度与欧盟发起FTA磋商。

② RCEP是Regional Comprehensive Economic Partnership的简称,由东盟10国领导人在2012年的第21届东盟峰会上提出,得到中国、日本、韩国、印度、澳大利亚和新西兰的响应,因此也称作"10+6"。

第六章 中国与巴西农产品贸易关系[①]

一、引 言

自 1974 年中巴两国建交以来，特别是中国加入 WTO 以来，中国和巴西双边贸易发展迅猛，贸易额连年攀升。2004 年 11 月 12 日，中巴两国签订了《中华人民共和国和巴西联邦共和国关于贸易投资领域合作谅解备忘录》，巴方在备忘录中正式承认中国的市场经济地位，这对促进双方经贸关系的正常发展发挥了巨大作用。目前，中国是巴西在亚洲最大的贸易伙伴，巴西则是中国在拉美地区最大的贸易伙伴，而在中巴贸易中，农产品贸易一直占有十分重要的地位。

中国现已成为巴西的第六大农产品进口国，而巴西却在短短的几年内一跃成为中国的第一大农产品进口国。2008 年，中国首次成为巴西农产品最大进口国，此后一直是巴西农产品第一进口国。随着中国人口增长，生活水平和城市化率提高，中国国内农产品生产面临越来越大的自然资源与环境压力，农产品进口持续增加的可能性极大。

由于要素禀赋的差异，中巴两国农产品贸易迅速扩大。因得天独厚的自然资源，巴西的农业资源十分丰富。而在过去十几年中，巴西国内推行的经济政策改革更极大地促进了农业的发展（CAFI，2005）。农业已是巴西国民经济的三大支

[①] 原文以题为"中国与巴西农产品贸易的动态及前景分析"发表于《农业展望》2013 年第 8 期。

柱产业之一，农产品出口是巴西出口创汇的主要来源之一。相对而言，中国地少人多，土地密集型农产品的比较优势基本丧失，而水产品和蔬菜水果产品等劳动密集型农产品则具有较强的比较优势，但大部分农产品的出口规模都很小，重点产品不突出。近年来，中国对南美洲的农产品贸易逆差大于中国对全球的农产品贸易逆差，南美洲（巴西的份额约占60.62%）成为中国农产品贸易逆差的主要来源（孙东升等，2011）。因此，如何使中巴农产品贸易得以持续发展是一个值得探讨的问题。

耿晔强（2008，2009）的研究表明，中国主要从巴西进口土地密集型产品，而中国出口到巴西的农产品则以劳动密集型产品为主，双边农产品贸易互补性强；借助恒定市场份额模型（Constant Market Shares, CMS）和Jepma（1986）提出的CMS改进模型，耿晔强（2008）的研究认为，中国对土地密集型农产品市场需求扩张背景下，巴西土地密集型农产品在中国市场的竞争力强，而且巴西出口中国的农产品构成比较符合中国市场的进口需求结构，这是中巴农产品贸易快速增长的原因。刘李峰和武拉平（2007）、靖飞（2009）和范婕（2010）等的研究也都认为，中国与巴西农产品贸易发展潜力巨大。巴西农作物种植面积还有一定的扩张潜力，而中国在城市化和工业化的压力下，可用于扩大农作物种植面积的土地紧缺。基于农业互补性考虑，中巴两国可以通过加强双边贸易和投资，以建立更重要的伙伴关系（Jales et al.，2006）。

已有文献多是从宏观层面关注中国和巴西之间的贸易关系，而在这些研究中，又大多采用加总的数据分析；从微观细分数据的层面对中巴农产品贸易关系全方位的研究不足。为了能更深层次识别中巴两国农产品贸易的模式及其动态，理解中国与巴西签订FTAs农业部门的成本与收益，进而判断两国农产品双边贸易发展前景，本章所有的分析指标笔者都测算到了SITC 1~3位。再者，自2008年全球性金融危机以来，世界经济增添了不稳定性与不确定性风险，在此背景下，中巴双边农产品贸易又发生了哪些变化？这些变化是否对双边农产品贸易的持续发展具有借鉴意义？本章尝试回答这些问题。

FTA 背景下中国与潜在自由贸易伙伴国家间农产品贸易关系

二、中国和巴西农产品贸易动态

（一）贸易农产品的范围界定和数据来源

在对贸易双方的贸易增长和贸易结构分析时，学者们大都选用 SITC 编码方法。因为该方法比较简洁，便于对商品贸易进行经济分析，对经济学意义上的研究很有帮助。根据联合国贸易与发展会议颁布的"标准国际贸易分类"（Standard International Trade Classification，SITC），贸易农产品包括属于 SITC 分类第 0、第 1、第 2、第 4 类中的全部商品（除第 2 类中的第 27、第 28 章的商品外）。本研究所采用的农产品为联合国商品贸易统计数据库中的 SITC 第 0 类（食品及活动物）、SITC 第 1 类（饮料及烟草）、SITC 第 2 类（非食用原料，燃料除外）中的第 21 章（生皮及生毛皮）、第 22 章（油籽及含油果实）、第 23 章（生橡胶）、第 24 章（软木及木材）、第 25 章（纸浆及废纸）、第 26 章（纺织纤维及其废料）、第 29 章（其他动植物原料）以及 SITC 第 4 类（动植物油、脂及蜡）。为与前文及后续章节保持数据的一致性和连贯性，本研究采用 SITC Rev.3 的商品分类方法。中国和巴西的贸易数据均来源于联合国商品贸易统计数据库（UN Comtrade Database）。

（二）农产品贸易趋势

从中国市场的角度观察两国农产品贸易关系时可以发现（见图 6-1），1992~2004 年，中国向巴西出口农产品贸易额占中国农产品出口总额的比重一直较小，这期间，最高的年份是 1996 年，占比为 0.27%。但自 2005 年起，该份额在波动中呈增长趋势，并于 2010 年达到 1.05%，为 1992 年的 15 倍。另外，中国从巴西进口农产品占中国农产品进口总额的比重虽有较大波动，但总体上呈现出逐年增长的趋势；即使在 2008 年全球性金融危机中，该份额也没有减少。这期间，份额最高的年份是 2009 年，为 12.82%；最低的年份是 1993 年，为 0.61%；1992~2010 年平均份额为 6.55%。

第六章 中国与巴西农产品贸易关系

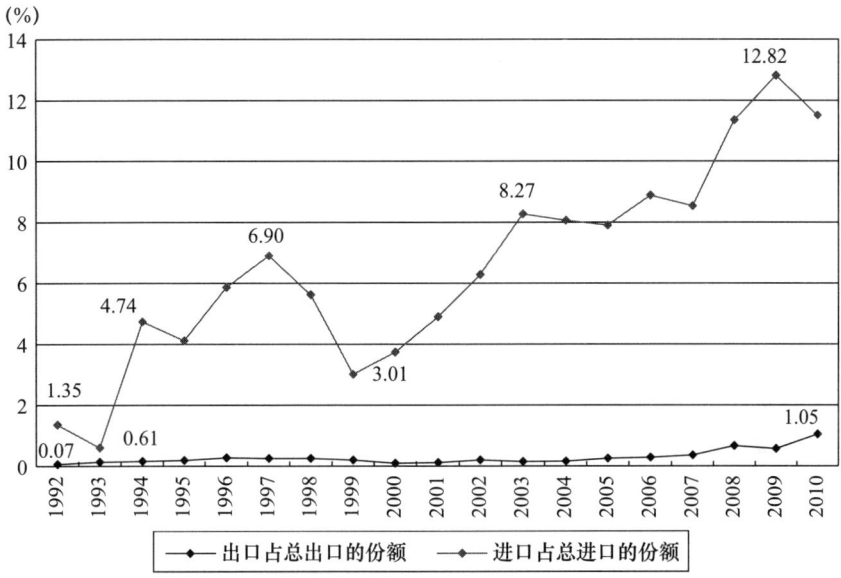

图6-1 中国农产品出口到巴西和中国从巴西进口农产品的份额

从巴西市场方面观察两国农产品贸易关系时可以发现（见图6-2），1992~

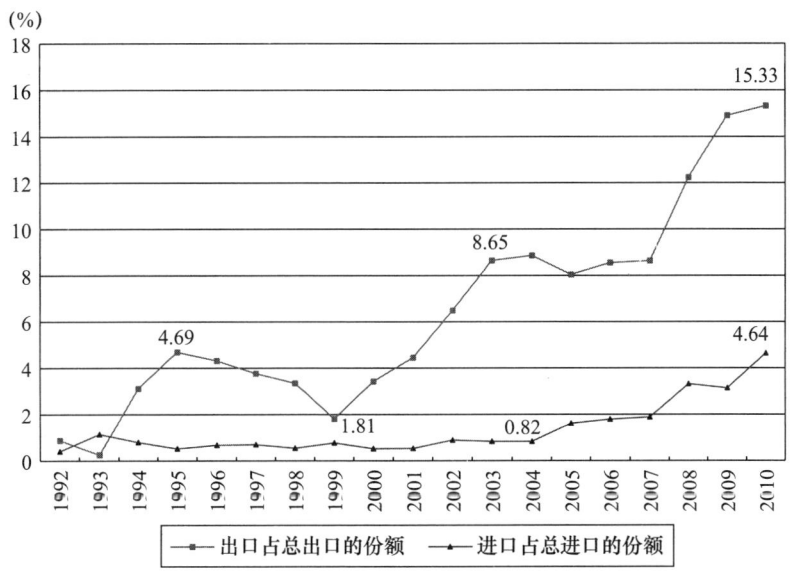

图6-2 巴西农产品出口到中国和巴西从中国进口农产品的份额

2010年，巴西向中国出口农产品占巴西农产品总出口的份额同样是在波动中迅速增长，从1992年的0.88%增长至2010年的15.33%，增长超过17倍。另外，1992~2004年，巴西从中国进口农产品占巴西农产品总进口的比重较稳定；但自2004年以后，巴西从中国进口农产品的数量显著增长，该份额年均增长0.64%。1992~2010年，该份额增长近11倍。

从中巴农产品贸易总量看（见图6-3），中国一直为净进口国，处于贸易逆差地位。1992~2010年，中国从巴西进口农产品总体呈上升趋势，年均增长30.28%，这期间，进口额增长了116倍之多。同期，中国向巴西出口农产品也呈逐年增加趋势，年均增长26.07%，出口额增长了近65倍。由于巴西商业化的农业和农产品加工业非常适合参与国际商品市场的竞争，巴西农业生产和出口增长未来还会继续扩张（Tongeren，2005），而中国经济转型中，劳动力资源优势不断减弱，加上资源环境的约束，可以预见，中国对巴西的农产品贸易逆差还将进一步增加。

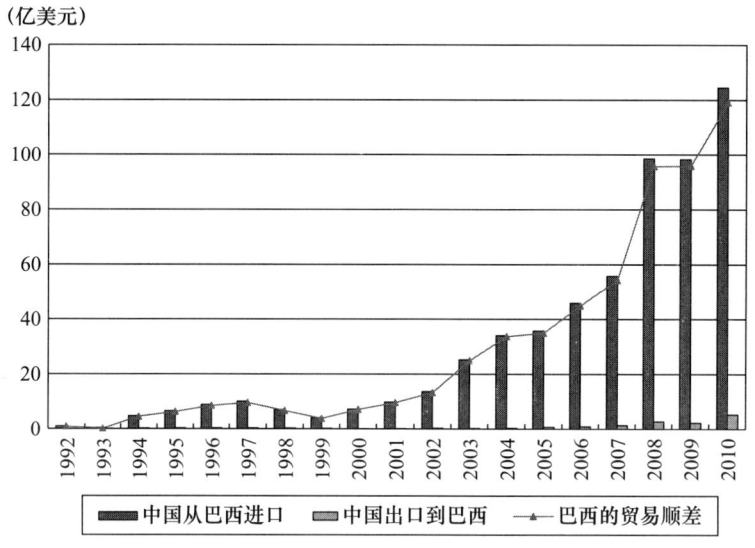

图6-3 中国与巴西的农产品贸易关系

中巴两国农产品贸易态势也表明，自中国加入WTO以来，中国对巴西农产品贸易逆差的增长明显加快。特别是2008年国际市场农产品价格暴涨，中国对巴西的农产品贸易逆差上升到95.66亿美元，比2007年增长了75.96%。截至

第六章　中国与巴西农产品贸易关系

2010年，中巴农产品贸易逆差已经从1992年的0.98亿美元增加到了2010年的119亿美元。

从贸易农产品细分角度分析（见表6-1），中国出口到巴西的农产品主要是食品及活动物项目下的蔬菜、水果及鱼类，该类产品占中国出口到巴西农产品总量的比重从1992年的0.56%上升至2010年的85.18%。其中，鱼类、甲壳类及软体动物，蔬菜及水果所占比重较大，总体呈增长趋势，但该趋势并不稳定。饲料（不包括未碾磨谷物）、杂项食品及其制品、纺织用合成纤维的出口也有明显的增长；而初级动物及蔬菜原料（代码：29）的出口一直存在着较大的波动。

表6-1　中国出口到巴西的主要农产品占其出口到巴西农产品总量的份额

单位：%

代码	项目	1992年	1995年	2000年	2005年	2010年
0	食品及活动物	0.56	74.02	74.02	86.40	85.18
03	鱼类、甲壳类及软体动物	0	0.16	0.16	0.11	25.14
034	鲜的及冷藏的鱼	0	0	0	0	19.31
05	蔬菜及水果	0.06	70.26	70.26	73.69	49.57
054	鲜的及冷藏的蔬菜	0.03	64.84	64.84	56.49	37.97
056	根及块茎类加工蔬菜或其原料	0.03	5.38	5.38	16.07	9.91
08	饲料（不包括未碾磨谷物）	0	0.81	0.81	6.17	5.24
09	杂项食品	0.50	0.19	0.19	3.76	2.68
098	杂项食品及其制品	0.50	0.19	0.19	3.76	2.68
26	纺织纤维	35.87	1.40	1.40	4.99	5.59
265	植物纺织纤维	35.87	0.49	0.49	0.06	0
266	纺织用合成纤维	0	0	0	4.39	5.04
29	初级动物及蔬菜原料	4.63	24.40	24.40	6.67	6.47
291	初级动物原料	3.46	23.94	23.94	5.66	5.59
4	动植物油、脂和蜡	38.72	0	0	0.21	0.17

资料来源：根据联合国商品贸易统计数据库（http://comtrade.un.org）数据整理所得。

特别值得关注的是，植物纺织纤维组的产品和动植物油、脂和蜡类的产品出口在1992~1995年迅速下降，1992年两种产品占中国出口到巴西农产品总量的比例分别高达35.87%和38.72%，但之后所占比例一直都较小，甚至在某些年份没有出口记录。总体来看，中国出口到巴西的农产品主要是水产品、蔬菜和水果等劳动密集型产品，其余农产品的出口规模依然较小。

表6-2列出了巴西出口到中国的农产品结构，从中可以看出，巴西出口到中国的农产品结构较单一，主要集中在油籽及含油果实、纸浆及废纸、食品及活动物、植物油脂（主要是大豆油）这四大类产品。而且，随着时间的推移，产品类别结构也有明显的变化。比如，1992年，中国从巴西进口的农产品的品种较集中，主要是植物油脂、纺织纤维、食品及活动物和纸浆及废纸。但到了2010年，情况发生了较大变化，原来向中国出口量较多的植物油脂与纺织纤维均大幅下降，而原来没有进口的油籽及含油果实（1997年中国开始从巴西进口该类产品）则成了中国主要的进口农产品。

表6-2 巴西出口到中国的主要农产品占其出口到中国农产品总量的份额

单位:%

代码	项目	1992年	1995年	2000年	2005年	2010年
0	食品及活动物	14.37	19.87	5.78	5.12	8.32
01	肉及肉制品	0.98	0	2.21	3.03	2.14
012	其他肉类及食用内脏	0.98	0	2.14	3.02	2.09
06	糖、糖制品及蜂蜜	0	18.29	0	0	4.89
061	糖、糖浆及蜂蜜	0	18.28	0	0	4.89
08	饲料（不包括未碾磨谷物）	5.74	1.19	2.32	0.17	0.29
1	饮料及烟草	0	0.82	9.50	8.83	3.26
12	烟草及其制品	0	0.82	9.50	8.83	3.26
121	未加工的烟草及烟草废料	0	0.82	9.50	8.83	3.26
22	油籽及含油果实	0	0	63.73	60.90	67.78
25	纸浆及废纸	12.70	0.69	10.24	9.58	10.70
26	纺织纤维	19.42	2.27	0.34	3.74	1.46
4	动植物油、脂和蜡	53.50	76.02	4.10	6.10	7.56
42	植物油脂	53.49	76.02	4.02	6.00	7.50

资料来源：根据联合国商品贸易统计数据库（http://comtrade.un.org）数据整理所得。

2010年，油籽及含油果实进口量占中国从巴西进口农产品总量的比重高达67.78%，大豆及大豆制品是巴西向中国出口最多的农产品。加入WTO之前，中国大豆进口关税高达114%，加入WTO之后，大豆进口关税下调至3%，而且取消了进口配额制度，加上植物油消费与肉类消费快速增加的拉动，中国从巴西进口大豆额激增（司伟，2013）。2010年巴西向中国出口大豆超过2000万吨，出口额达79亿美元。

表6-2也显示，巴西向中国出口的食品及活动物、纸浆及废纸在巴西与中国的农产品贸易结构中占有一定的比重，但贸易份额不稳定。中国从巴西进口的食品及活动物中，占比重较大的农产品有其他肉类及食用内脏，糖、糖浆及蜂蜜和饲料（不包括未碾磨谷物）等。巴西肉类出口中国所面临的最大问题是卫生检疫，这对其（主要为牛肉）出口造成了一定的影响。巴西出口到中国的烟草及其制品（主要为未加工的烟草及烟草废料）波动较大，也不稳定。

随着中国居民收入水平提高、城镇化发展、消费结构升级，巴西农产品出口到中国的机会也显著增加。中国城市中产阶级人数的增加将会减少粮食作物的消费，增加肉类、乳制品、油类、加工食品的消费，巴西将会从中国增加进口的这些商品中获益。同时，随着中国制衣及纺织行业的发展，这亦可能增加巴西棉花出口中国的机会（Jales et al.，2006）。

综合上述对中巴两国主要出口农产品状况的分析，我们可以清楚地看到，两国农产品贸易具有一定的互补性。中国对土地密集型农产品有巨大的需求，而巴西则对劳动密集型产品有需要，同为金砖国家，可以预见，各自的需求都会呈现出不断增长的态势。

前文统计分析展现了中巴两国农产品贸易的发展轨迹、趋势和产品结构，接下来，采用出口集中度指数、格鲁贝尔—劳埃德指数、显示性比较优势指数和贸易互补性指数等分析工具，以揭示中巴两国农产品贸易竞争力、优势、贸易水平和互补程度等特征。

（三）农产品贸易集中度

贸易集中度指数（Trade Intensity Index，TII）从相对意义上衡量出口国相对于某一贸易伙伴的竞争力是否达到了其在世界市场上的平均水平。测算贸易强度的方法有很多，本节采用Brown（1949）和Kojima（1964）提出的测算方法，出口集中度指数公式如下：

$$TII_i = \frac{X_{ij}/X_{iw}}{M_{jw}/(M_w - M_{iw})} \tag{6-1}$$

式中，TII_i 表示国家 i 的出口集中度指数；X_{ij} 表示国家 i 对国家 j 的出口；X_{iw} 表示国家 i 向世界的出口；M_{jw} 表示国家 j 从世界的总进口；M_w 表示世界总进口；M_{iw} 表示国家 i 从世界的总进口。贸易强度指数大于（或小于）1，表明出口国对目标市场的出口大于（或小于）该国在世界市场上的平均水平，贸易伙伴国具有较重要（或次要）的地位。

表 6-3 给出了 1995~2010 年部分年份中巴两国农产品出口集中度指数。

表 6-3 中国和巴西农产品出口集中度指数

代码	项目	巴西出口到中国				中国出口到巴西			
		1995年	2000年	2005年	2010年	1995年	2000年	2005年	2010年
01	肉及肉制品	0.18	0.42	1.21	0.62	0.03	0.09	0.03	0.00
012	其他肉类及食用内脏	0.13	0.38	1.13	0.61	0.11	0.41	0.23	0.00
034	鲜的及冷藏的鱼	2.57	1.13	0.50	0.75	0.00	0.00	0.00	1.13
05	蔬菜及水果	0.15	0.22	1.79	0.94	0.46	0.38	1.53	1.40
054	鲜的及冷藏的蔬菜	0.00	0.00	0.00	0.00	0.85	0.58	2.80	2.36
06	糖、糖制品及蜂蜜	1.17	0.01	0.01	1.17	0.29	0.03	1.21	1.16
061	糖、糖浆及蜂蜜	0.98	0.00	0.00	0.99	0.00	0.01	2.53	1.49
08	饲料（不包括未碾磨谷物）	0.20	0.17	0.04	0.08	0.39	1.90	2.32	2.98
1	饮料及烟类	0.56	8.25	15.16	4.57	0.00	0.03	0.07	0.13
12	烟草及其制品	0.27	5.95	10.64	4.21	0.00	0.23	0.00	0.08
121	未加工的烟草及烟草废料	1.55	2.53	3.55	1.58	0.00	0.21	0.00	0.05
22	油籽及含油果实	0.00	0.83	1.05	1.25	0.00	0.01	0.00	0.02
25	纸浆及废纸	0.12	0.34	0.64	0.66	0.00	0.02	1.18	1.03
265	植物纺织纤维	0.02	0.00	1.09	0.75	0.11	3.21	0.76	0.00
4	动植物油、脂及蜡	4.20	0.92	1.32	2.80	0.00	0.13	0.09	0.14
42	植物油脂	3.75	1.09	1.25	2.83	0.00	0.00	0.09	0.01

资料来源：根据联合国商品贸易统计数据库（http://comtrade.un.org）数据整理所得。

中国从巴西进口的农产品中，集中度较高的是烟草及其制品、植物油脂、油籽及含油果实。表 6-3 所反映的 1995~2010 年出口集中度指数变化趋势来看，中国从巴西进口的主要农产品，如油籽及含油果实、纸浆及废纸、食品及活动物、植物油脂的出口集中度大体上呈增长趋势，其他农产品出口集中度指数年际波动较大。特别要注意的是,烟草及其制品的出口集中度指数虽然较高,但其在巴西向中国出口农产品中的份额小,2010年仅为3.26%(见表6-2)。部分年份两位代码的肉及肉制品,蔬菜及水果,糖、糖制品及蜂蜜等出口集中度也较高。

中国向巴西出口的农产品中,集中度较高的产品主要是劳动密集型产品,如鱼类、蔬菜及水果类等,且总体呈上升趋势。鲜的及冷藏的鱼类产品出口剧增,从原来的没有出口一跃到2010年的出口集中度大于1。从表6-3可以很容易地发现,中国出口到巴西的农产品主要为SITC第0类(食品及活动物)产品,其他大部分农产品的出口集中度都很低,且波动较大甚至在某些年份没有出口。这也意味着,对中国而言,巴西市场还有着较大的拓展空间。除此之外,中巴之间的纸浆及废纸类产品的贸易关系也很密切。

综合对表6-1、表6-2和表6-3的分析可以看出,中巴两国出口集中度较高的农产品在各自农产品贸易中都占有十分重要的地位;但仍需要识别这些集中度较高的农产品是产业内贸易还是产业间贸易。

(四)农产品产业内贸易

产业内贸易(Intra-industry Trade,IIT)指数是衡量产业内贸易水平的主要指标,用于衡量贸易伙伴之间贸易结构。在众多的方法中,比较著名和合理的产业内贸易测定方法是格鲁贝尔和劳埃德(Grubel & Lloyd,1975)提出的产业内贸易指数(即G-L指数)。其表达式如下:

$$IIT_{ij} = 1 - \frac{|X_{ij} - M_{ij}|}{X_{ij} + M_{ij}} \qquad (6-2)$$

式中,IIT_{ij}表示国家i和国家j在某个产业(或产品)上的产业内贸易指数;X_{ij}表示国家j向国家i某个产品的出口;M_{ij}表示国家j从国家i某个产品的进口。IIT_{ij}介于0~0.5,表明该产品的贸易以产业间贸易为主;IIT_{ij}介于0.5~1,表明该产品以产业内贸易为主,说明双方之间的贸易具有较强的互补性;$IIT_{ij}=0$,表明该产品的贸易全部为产业间贸易;$IIT_{ij}=1$,表明该产品的贸易全部为产业内贸易。因此,产业内贸易指数越接近0,说明产业间贸易程度越高;而越接近1,则说明产业内贸易的程度越高。

表6-4列出了1995~2010年个别年份中巴两国部分农产品的产业内贸易指数。

表6-4 中国和巴西农产品产业内贸易指数

代码	项目	1995年	2000年	2005年	2008年	2009年	2010年
0	食品及活动物	0.260	0.531	0.609	0.684	0.943	0.688
01	肉及肉制品	0.623	0.057	0.002	0.000	0.001	0.000
012	其他肉类及食用内脏	0.735	0.058	0.002	0.000	0.000	0.000
03	鱼类、甲壳类及软体动物	0.060	0.007	0.037	0.008	0.042	0.084
034	鲜的及冷藏的鱼	0.000	0.000	0.000	0.009	0.081	0.102
05	蔬菜及水果	0.053	0.438	0.844	0.803	0.780	0.455
054	鲜的及冷藏的蔬菜	0.000	0.000	0.000	0.000	0.000	0.000
056	根及块茎类加工蔬菜或其原料	0.000	0.000	0.000	0.119	0.047	0.001
06	糖、糖制品及蜂蜜	0.007	0.367	0.972	0.115	0.033	0.013
061	糖、糖浆及蜂蜜	0.000	0.000	0.336	0.252	0.017	0.007
08	饲料（不含未碾磨谷物）	0.053	0.238	0.968	0.669	0.210	0.960
09	杂项食品	0.656	0.675	0.631	0.827	0.953	0.664
12	烟草及其制品	0.000	0.003	0.000	0.001	0.000	0.001
22	油籽及含油果实	0.000	0.000	0.000	0.000	0.000	0.000
26	纺织纤维	0.049	0.419	0.067	0.599	0.470	0.329
29	初级动物及蔬菜原料	0.041	0.046	0.606	0.412	0.562	0.530
291	初级动物原料	0.040	0.039	0.419	0.122	0.020	0.255
4	动植物油、脂和蜡	0.000	0.016	0.002	0.002	0.009	0.002
41	动物油脂	0.000	0.000	0.612	0.000	0.000	0.008
42	植物油脂	0.000	0.000	0.000	0.001	0.001	0.000
43	其他动植物油脂	0.000	0.000	0.079	0.080	0.084	0.070

资料来源：根据联合国商品贸易统计数据库（http://comtrade.un.org）数据整理所得。

从表6-4可以看出，中巴两国贸易强度高的农产品主要是产业间贸易。例如，中国从巴西进口的烟草及其制品、植物油脂、油籽及含油果实，中国出口到巴西的鱼类、蔬菜类，这些产品的产业内贸易指数基本上接近于0[①]。中国从巴西进口烟草及其制品、植物油脂、油籽及含油果实类产品，而中国则极少向巴西出口这三类产品。与此同时，中国亦向巴西出口蔬菜类产品，但中国却很少从巴西进口这些农产品。可见，中巴之间农产品主要为产业间贸易。

---

① 这也是表6-4中的数据保留到小数点后三位的原因。

肉及肉制品，糖、糖制品及蜂蜜等产品的产业内贸易指数也很小，表明这些产品也以产业间贸易为主。而从两位代码的产品分类来看，产业内贸易主要发生在杂项食品类。蔬菜及水果、纺织纤维、初级动物及蔬菜原料、饲料（不含未碾磨谷物）等产品在少数年份亦存在着一定程度的产业内贸易。

上述分析表明，中巴两国的农产品贸易主要是基于各自的要素禀赋。虽个别种类产品间有产业内贸易，但产业内贸易总体水平不高。两国农产品主要是产业间贸易、贸易产品集中、贸易额占总体贸易额的比重大。两国农产品产业内贸易还存在着较大的提升空间。深化农产品的产业内贸易，双方能共同分享产业内贸易所带来的利益。

三、中国和巴西农产品贸易的互补性

中巴农产品贸易到底是有互补性还是具有竞争性，是否还有进一步拓展的空间？本书利用显示性比较优势指数测算出两国贸易农产品的比较优势，从而可以更直观地从产品层面上识别双边农产品贸易的互补性；然后引入贸易互补性指数，从总体贸易结构层面分析农产品贸易的互补性，以衡量双边贸易关系的紧密程度，判别两国农产品贸易的发展潜力。

（一）显示性比较优势分析

显示性比较优势（Revealed Comparative Advantage，RCA）指数是美国经济学家巴拉萨（Balassa，1965）提出且有广泛应用的比较优势测度指数。国家 i 生产 k 类产品的显示性比较优势指数可以表示为：

$$RCA_{ik} = \frac{X_{ik}/X_{wk}}{X_{it}/X_{wt}} \qquad (6-3)$$

式中，X_{ik} 和 X_{wk} 分别表示国家 i 的 k 类产品和世界 w 的 k 类产品在一定时期 t 的出口量；X_{it} 和 X_{wt} 分别表示国家 i 和世界 w 在时期 t 的总出口量。如果这个比例大于（或小于）1，就说明一国在某种产品的出口上具有（或不具有）显示性比较优势。应注意的是，RCA 方法仅是利用一国已发生的农产品贸易数额进行分析，属于事后研究方法，它忽略了国际贸易中贸易壁垒对农产品真实比较优势的扭曲效果，故其计算结果与实际的比较优势可能存在偏差。因此，进行显示性比较优势分析时，越是用分解的数据，而不是用加总的数据，即分解得越细，显示性比较优势可能越准确（司伟、周章跃，2007）。用贸易细分数据测算的 RCA 指数主要用于识别贸易双方显示性比较优势的差异，从而进一步判断双边贸易到底是否具有拓展的空间。

表6-5 列出了2010 年中巴两国分别具有或都具有显示性比较优势的贸易农产品（SITC 3 位）的显示性比较优势指数。表6-5 有三部分：第一部分给出了巴西具有显示性比较优势的农产品；第二部分是中国具有显示性比较优势的农产品；而第三部分则是中巴双方都具有显示性比较优势的农产品。总体看，巴西具有显示性比较优势农产品的种类远多于中国，且差异显著，即使是两方都具有优势的香料、初级动物原料这两类产品，巴西的比较优势也明显高于中国。故从产品细分层面可知，中巴两国农产品各有优势，但巴西的优势更强，双边贸易有较强互补性。

表6-5 中巴农产品显示性比较优势指数

代码	项目	中国	巴西	代码	项目	中国	巴西
中国 RCA<1，巴西 RCA>1				中国 RCA>1，巴西 RCA<1			
001	活动物	0.25	2.97	034	鲜的及冷藏的鱼	1.21	0.16
011	鲜的及冷藏的牛肉	0.03	9.37	036	甲壳动物	1.14	0.34
012	其他肉类及食用内脏	0.14	9.20	037	未另列明的鱼、甲壳及软体动物	2.03	0.06
016	腌制的肉及食用内脏	0.01	10.73	054	鲜的及冷藏的蔬菜	1.25	0.03
017	未另列明的肉及食用内脏	0.79	6.10	056	根及块茎类加工蔬菜或其原料	1.78	0.10
025	禽蛋及蛋黄	0.42	2.62	058	保存的水果及水果制品	1.42	0.27
044	未磨粉的玉米	0.01	6.87	074	茶及马黛茶	1.44	0.85
047	其他谷物的粗粉及细粉	0.03	1.78	261	丝	6.21	0.13
057	水果及坚果	0.38	1.06	266	纺织用合成纤维	1.44	0.95
059	果汁及蔬菜汁	0.66	11.54	268	羊毛及其他动物毛	1.26	0.40
061	糖、糖浆及蜂蜜	0.18	24.19				
062	糖果	0.70	1.47				
071	咖啡及代用品	0.04	14.19	中国 RCA>1，巴西 RCA>1			
072	可可	0.09	2.14				
081	牲畜饲料	0.39	7.66	075	香料	1.75	2.40

续表

代码	项目	中国	巴西	代码	项目	中国	巴西
121	未加工的烟草及烟草废料	0.50	17.30	291	初级动物原料	1.872	4.847
222	油籽及含油果实	0.10	14.20				
232	合成橡胶	0.32	1.17				
246	木片或碎料材及废材	0.01	1.73				
248	加工过的木材及枕木	0.26	1.88				
251	纸浆及废纸	0.03	7.33				
263	棉花	0.01	4.58				
265	植物纺织纤维	0.11	1.88				
421	非挥发性植物油脂	0.05	4.62				
431	已加工的动植物油脂及蜡	0.11	1.30				

资料来源：根据联合国商品贸易统计数据库（http：//comtrade.un.org）数据整理所得。

巴西在腌制的肉及食用内脏，果汁及蔬菜汁，糖、糖浆及蜂蜜，咖啡及其代用品，未加工的烟草及烟草废料，油籽及含油果实等产品都具有较明显的比较优势，其显示性比较优势指数都大于10，而中国的该指数则远小于1。中国的优势农产品则主要集中在鱼、蔬菜、水果、茶、丝、毛等有限的几组劳动密集型产品。之所以如此，主要是因为中国劳动力资源丰富而耕地资源紧缺。正如表中所呈现的，中国土地密集型农产品的比较优势渐微，而劳动密集型农产品的比较优势显现。

从表6-5中还可以看出，中国的肉及肉制品（特别是牛、羊等大牲畜）已不具比较优势，这主要是由于大牲畜饲养为资本密集型规模养殖，而目前中国的养殖方式仍以家庭养殖为主，饲养业受到资金、技术限制并未形成有效率的规模。中巴两国重叠的优势农产品较少，仅有香料、初级动物原料两组。

因而，中巴两国可在比较优势存在差异的农产品领域进行产业间贸易，而在优势重叠的农产品领域开展产业内贸易，这样可能拓展双边贸易空间，实现双赢。但就出口而言，中国已成为巴西极其重要的农产品出口目的地，而对中国农产品来说，巴西市场的重要性暂时并未显现。鉴于双方不平衡的农产品贸易地位和巴西农产品的显著优势，贸易空间的拓展更有利于巴西农产品出口，而中国对巴西农产品贸易逆差很可能不断扩大。

(二) 贸易互补性分析

为了从贸易产品结构层面来理解中巴农产品的互补性,本书在显示性比较优势指数的基础上引入贸易互补性指数(Trade Complementarity Index, TCI),用于衡量贸易双方关系的紧密程度。该指数计算公式如下:

$$TCI_{ij}^s \equiv \sum_{k \in s} [\theta^k \times RXS_i^k \times RMS_j^k] \qquad (6-4)$$

式中,$RXS_i^k \equiv \dfrac{X_{iw}^k/X_{iw}^s}{X_{ww}^k/X_{ww}^s} \equiv \dfrac{k \text{ 商品在 } i \text{ 国家 } s \text{ 部门的出口份额}}{k \text{ 商品在世界 } s \text{ 部门的出口份额}}$;$RMS_j^k \equiv \dfrac{M_{jw}^k/M_{jw}^s}{M_{ww}^k/M_{ww}^s} \equiv$

$\dfrac{k \text{ 商品在 } j \text{ 国家 } s \text{ 部门的进口份额}}{k \text{ 商品在世界 } s \text{ 部门的进口份额}}$;$\theta^k \equiv \dfrac{X_{ww}^k}{X_{ww}^s} \equiv k \text{ 商品在世界 } s \text{ 部门的出口份额}$。

RXS_i^k 是巴拉萨显示性比较优势指数,用出口来衡量国家 i 在 k 类产品上的比较优势;RMS_j^k 则是用进口来衡量国家 j 在 k 类产品上的比较劣势。如果出口国的比较优势结构和进口国的比较劣势结构刚好吻合,则双边贸易具有互补性,增长潜力强;否则,贸易发展潜力受限。互补性指数等于 1 是个界限(两国各产品的比较优势相同,该指数为 1),如果该指数大于(或小于)1,这说明两国间双边贸易的互补性较于其他市场的平均互补水平要高(或低)。如果该指数呈增长的趋势,则说明变化中的贸易结构使得该国将能更有效地利用伙伴国及全球的资源,并且极有可能提高其福利水平。

图 6-4 显示了 2000~2010 年巴西出口与中国进口农产品和中国出口与巴西进口农产品的贸易互补性指数。中巴农产品贸易具有较强的互补性,但巴西出口与中国进口的贸易互补性指数明显大于中国出口与巴西进口的贸易互补性指数。形成这一现象的原因可能在于:两国互补性贸易农产品的数目还较少且贸易产品集中。中国对初级农产品有旺盛的需求,巴西恰好能满足中国对大豆、糖等初级农产品的需求,而且巴西农业部门创造的国民生产总值占巴西国民生产总值的 20% 以上,中国市场是巴西农业增长的关键所在。而中国向巴西出口的主要农产品,如水产品、大蒜及干豆等,在中国农产品贸易中的份额很小。

从趋势判断,10 年中,两国农产品贸易互补性指数虽有波动,但较平稳,变动趋势基本一致。然而,近两年,该指数明显呈现出下降趋势,这可能与 2008 年的国际金融危机影响有关。金融危机爆发后,外部经济环境恶化,中巴两国均调整了贸易政策,这直接或者间接波及了农产品贸易领域。

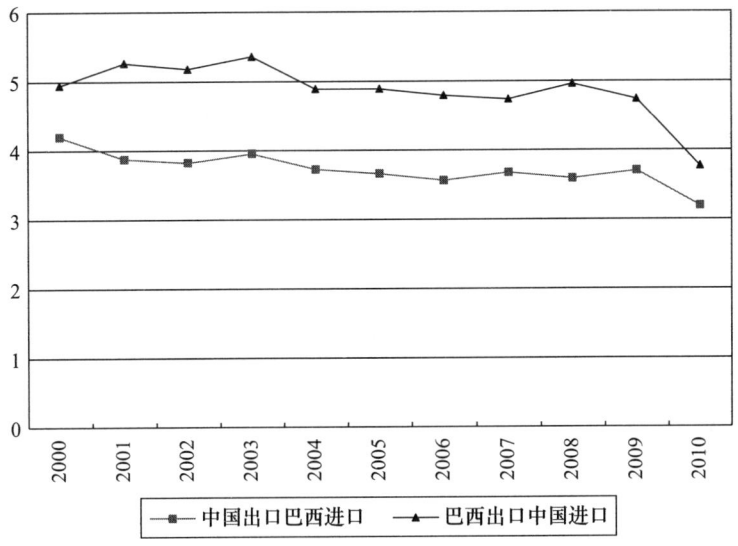

图6-4 中国与巴西农产品贸易互补性指数

虽然世界经济复苏仍面临不稳定性与不确定性,但中巴农产品贸易的发展前景仍然乐观。根据历史经验判断,巴西向中国出口的农产品无论贸易额还是贸易品种都会继续增长,双边贸易依然有较大的提升空间①。若能有效地消除阻碍贸易关系的不利因素,如动物检疫措施或关税壁垒,必将给两国生产者和消费者带来更大的福利,但中巴双方在农产品贸易中所获取的直接利益可能是不平衡的。

四、研究结论与讨论

中国和巴西同为新兴经济体代表的金砖国家。经济发展引致的居民食物消费结构变化使得巴西土地资源密集型农产品在中国有巨大需求空间,中国是巴西最大的农产品进口国,也是仅次于美国的南美农产品出口目的国,巴西是中国在拉美最重要的贸易伙伴。本章的研究表明:

---

① 巴西是世界最大的咖啡、糖和橙汁生产国,最大的肉类(禽肉和牛肉)出口国,仅次于美国的大豆和玉米生产国。

第一,中国和巴西之间的农产品贸易发展很快,但两国的贸易地位不对等,两国农产品贸易以中国从巴西进口为主,已存在着巨大的贸易逆差,随着农产品贸易的深化,逆差很可能继续增加。

第二,两国农产品贸易基于各自的要素禀赋,中国主要向巴西出口劳动密集型农产品,而巴西则主要向中国出口土地密集型农产品。

第三,中巴农产品贸易的出口集中度较高,但产业内贸易水平较低,主要为产业间贸易,而且贸易产品单一。

第四,双边农产品贸易不仅反映了两国的农业资源禀赋,还体现了两国的农产品比较优势,两国贸易农产品比较优势差异明显。农产品出口竞争力与其贸易结构大体一致。

第五,中巴农产品贸易具有较强的互补性。巴西向中国出口农产品的互补性较强,而中国向巴西出口农产品的互补性相对较弱。理论上,两国农产品贸易存在着较大的提升空间,但这种提升可能是不平衡的。中巴农产品贸易合作关系的加强将极有可能使中国农产品贸易逆差继续扩大。

从长远来说,中国应该充分关注巴西市场,以深化双边农产品贸易甚至农业领域的投资。中巴两国应通过农产品贸易快速增长的机会建立更密切的合作关系,可以借鉴中国与澳大利亚的贸易谈判,考虑签订FTAs。中国企业可以抓住巴西经济成长中的投资机会,包括农业基础设施和农业技术领域的投资,而巴西则可以利用中国农产品消费市场带动其农业发展。这不但可以增加贸易农产品的多样化,优化农产品贸易结构,还可能减少中巴之间的农产品贸易逆差。

第七章 中日韩农产品贸易关系与影响因素[①]

一、引 言

20世纪90年代以来，随着区域贸易协议数量的急剧增加，区域经济一体化已成为近30年来世界经济的重要特征。截至2010年底，向世界贸易组织正式通报的区域贸易协议已近270个。为了进一步改善对外贸易环境，更好地促进外贸发展，中国在不断推动多边贸易合作和扩大贸易规模的同时，也在积极地寻求和开展区域贸易合作。2002年11月4日，时任中国国务院总理的朱镕基在第6次"东盟与中日韩领导人会议"上提出"适时启动中日韩自由贸易区（FTA）可能性研究"的设想。当时，该设想得到了日韩两国的积极响应，中日韩三方也一直积极协商启动中日韩自贸区谈判[②]。

然而，一些障碍因素使得中日韩自贸区建设的进程十分缓慢。该设想自2002年首次被提出至今已十余年，其中，仅就建立中日韩自贸区的可行性研究就耗时近7年（2003~2009年），而中日韩自贸区官产学联合研究直至2011年12月才最终完成（该研究始于2010年5月）。到底是什么因素导致中日韩自贸区的建设如此举步维艰呢？"工业品自由不成问题。现在最大的瓶颈是农

[①] 本章内容发表于《农业经济问题》2012年第11期。
[②] 中日韩合作（1999~2012年）[EB/OL]. http://www.gov.cn/jrzg/2012-05/09/content_2133457.htm.

产品，因为'农产品的进出口直接与政治挂钩，处于敏感地带'"（刘映花，2003）。

自中国先后与日本、韩国实现邦交正常化后，中国与日韩两国农产品贸易的规模不断地扩大。进入21世纪以来，中日韩三国均已成为世界上最重要的农产品贸易大国，而且同为农产品净进口国，但是在东亚地区，中国对日韩两国农产品贸易顺差巨大。随着中国对日韩农产品贸易逆差的持续增加以及日韩农产品国际竞争力的持续下降，日韩两国担心一旦签署自由贸易协议，中国农产品会大量涌入。这使得一直以来给予农业高度保护的日本和韩国对与农产品贸易相关的谈判显得极谨慎。因此，深入研究中日韩农产品贸易现状与动态，对推动中日韩自由贸易区建立有十分重要的意义。

十几年来，特别是中国加入WTO之后，中国农业融入国际市场的进程加快，外部经济环境和市场机制在不断改善。此外，中日韩三国农业经营规模、自然条件和经济发展水平差异，相互间存在着优势互补的基础。在此背景下，中日、中韩之间农产品贸易理应朝着稳定和持续增长的方向发展。然而，现实却并非如预期所料。中国与日韩两国在农产品贸易方面的互补性并没有充分发挥，这体现在中日韩之间贸易波动大且贸易摩擦频繁。为了更深入地理解中日韩农产品贸易前景及可能给中国带来的机遇和挑战，非常有必要研究这三个国家农产品贸易现状并摸清影响贸易增长的经济因素。

本章在分析三国农产品贸易总体特征的基础上，试图运用恒定市场份额模型，从进口需求效应、出口产品结构效应和竞争力效应三个方面深入剖析各影响因素的作用机理和变化趋势，探寻中日韩三国农产品贸易增长的源泉。这对今后制定农产品贸易发展战略、推动中日韩自由贸易区的建立都有重要的参考价值。

研究中日韩三国农产品贸易的文献资料丰富，这些文献主要研究中日韩贸易现状（田维明，2007）、比较优势与贸易结构特征（曾寅初，2006）、贸易竞争与合作（曾寅初，2009）、产业内贸易（刘鸿雁、刘小和，2005）、贸易争端与对策（Park，2002）等方面。中日韩农产品贸易增长影响因素的文献却不多见。从研究方法看，借助恒定市场份额模型研究出口增长、产品竞争力、贸易产品结构和市场结构等方面的文献较多（帅传敏、程国强等，2003；孙笑丹，2007；Fogarasi，2008；Jimenez & Martin，2010；Scollay & Gilbert，2010），但鲜见文献运用该模型研究中日韩农产品贸易。

第七章 中日韩农产品贸易关系与影响因素

为了保持数据的一致性和连贯性，便于对中日韩农产品贸易做比较分析，本研究采用 SITC Rev. 3 的商品分类方法。根据联合国贸易与发展会议颁布的标准国际贸易分类（Standard International Trade Classification，SITC），贸易农产品包括属于 SITC 分类第 0、第 1、第 2、第 4 类中的全部商品（除第 2 类中的第 27、第 28 章的商品外）：第 0 类（食品及活动物）、第 1 类（饮料及烟草）、第 2 类（非食用原料、燃料除外）中的第 21 章（生皮及生毛皮）、第 22 章（油籽及含油果实）、第 23 章（生橡胶）、第 24 章（软木及木材）、第 25 章（纸浆及废纸）、第 26 章（纺织纤维及其废料）、第 29 章（其他动植物原料），第 4 类（动植物油、脂及蜡）。在对农产品贸易的实证分析中，采用了 1992～2010 年中日韩三国的相关贸易数据，这些数据均来源于联合国商品贸易统计数据库（UN Comtrade Database）。

二、中日韩农产品贸易的总体特征

为能更好地理解恒定市场份额模型的测算结果及其分析，本节运用 1992～2010 年中日韩三国农产品贸易数据，描述三个国家间农产品贸易的总体特征。

（一）农产品贸易在波动中增长，中国对日韩农产品贸易一直是顺差

农产品贸易在中日韩之间的贸易关系中举足轻重。日本是中国最大的农产品出口市场，而韩国则为中国第四大农产品出口市场，而且随着中国经济成长和消费结构升级，中国亦逐步成为日韩农产品出口的主要目标市场。2011 年，中国已成为日本农产品第一大出口目标国和第二大进口来源国，中国也是韩国农产品第二大出口目标国和第二大进口来源国。

图 7-1 显示了 1992 年以来中国与日本农产品贸易额的变动。可以看出，随着中日经贸往来的增多和双边农产品贸易领域的开放，两国农产品贸易额不断增长，中国向日本农产品的出口额远大于从日本进口农产品的进口额，中国的贸易顺差在波动中攀升。而且，日本市场对中国农产品的需求对宏观经济波动较敏感，正如图 7-1 所显示的那样，1997 年爆发的亚洲金融危机、2001 年中国加入

世界贸易组织和2008年的世界金融危机都给中日农产品贸易带来了直接冲击,从而造成了中国向日本的出口贸易大幅波动。自加入WTO以来,中国对日本农产品的出口增长非常明显。然而,宏观经济波动似乎并没有影响日本向中国出口农产品,中国从日本进口农产品一直显示出较平稳的增长态势。这也在一定程度上表明,中国市场对日本农产品的需求较稳定。

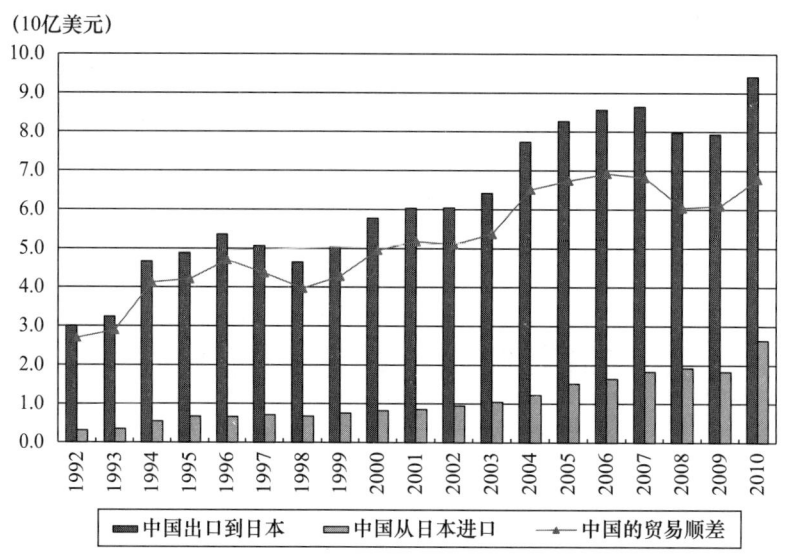

图7-1 中国与日本农产品贸易关系

图7-2给出了1992年以来中国与韩国农产品贸易额的变动。从图7-2可知,与中日之间的农产品贸易相比,中韩之间农产品贸易额与之相距甚远,且中韩之间农产品贸易波动的幅度更大;两国之间的农产品贸易关系对外部经济的波动更敏感,尤其是韩国对中国农产品的进口需求受宏观经济环境的影响较大。中韩农产品贸易额一直在波动中上升,相对于韩国,中国是农产品贸易的顺差国。自中国加入WTO以来,中国对韩国农产品的进口稳步增长,也呈现一定的需求刚性。总体来看,中国从日韩两国进口农产品的规模都很小,2010年中国从日韩两国进口农产品仅占中国农产品进口总额的3.83%。除政治因素外,可以预见,全球经济环境好转会促进双边农产品贸易关系。

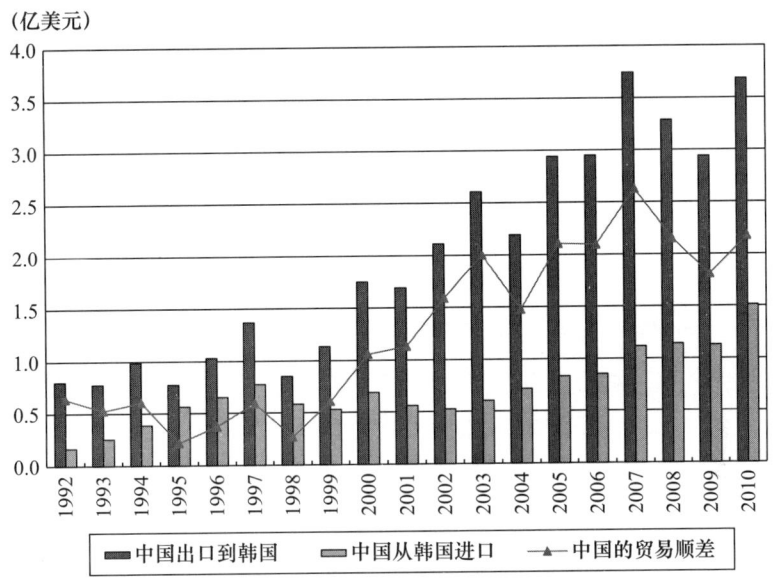

图7-2 中国与韩国农产品贸易关系

(二) 中国与日本、韩国贸易的农产品过于集中

表7-1列出了中日韩主要贸易农产品的贸易份额结构。中日农产品贸易方面，中国主要向日本出口第01、第03、第05、第08、第23章的产品，其中需求收入弹性较高的鱼类、甲壳类及软体动物（03）和蔬菜及水果（05）等劳动密集型农产品所占比重最大，而且其占中国农产品总出口的份额一直较稳定。日本是中国这两大类产品的第一大出口目标市场。

表7-1 中日韩主要贸易农产品份额结构　　　　　　单位:%

项目	中国出口到日本				中国从日本进口			
	1995年	2000年	2005年	2010年	1995年	2000年	2005年	2010年
01. 肉及肉制品	11.41	13.55	11.42	11.03	0.34	0.32	0.04	0.06
03. 鱼类、甲壳类及软体动物	34.67	33.79	34.13	33.16	18.10	16.63	11.17	11.47
05. 蔬菜及水果	27.49	26.69	26.25	27.69	0.68	0.50	0.31	0.48
08. 牲畜饲料	1.80	1.48	3.19	6.24	3.44	3.21	0.67	0.38
23. 生胶	0.04	0.06	0.14	0.09	14.03	20.65	18.78	25.75

续表

项目	中国出口到日本				中国从日本进口			
	1995年	2000年	2005年	2010年	1995年	2000年	2005年	2010年
25. 纸浆及废纸	0.07	0.00	0.05	0.13	1.65	1.37	29.59	36.92
26. 纺织纤维及其废料	3.39	2.74	1.09	0.88	46.11	43.05	29.09	15.22

项目	中国出口到韩国				中国从韩国进口			
	1995年	2000年	2005年	2010年	1995年	2000年	2005年	2010年
03. 鱼类、甲壳类及软体动物	15.38	24.40	32.96	35.78	4.77	9.40	11.08	9.22
04. 谷物及谷物制品	4.15	37.25	28.38	5.19	0.50	0.65	0.63	0.74
05. 蔬菜及水果	14.53	8.22	13.23	23.61	0.40	0.35	2.89	2.08
06. 糖、糖制品及蜂蜜	0.16	0.40	0.91	2.01	4.76	2.99	6.53	7.13
08. 牲畜饲料	11.61	3.72	2.67	6.87	0.36	0.85	0.42	0.23
23. 生胶	0.62	0.31	0.65	0.89	4.30	17.71	35.12	54.74
26. 纺织纤维及其废料	5.14	8.66	3.33	5.32	77.32	62.87	33.95	13.21

资料来源：根据联合国商品贸易统计数据库（http://comtrade.un.org）数据整理。

日本则主要向中国出口第03、第23、第25、第26章的产品。由中国从日本进口农产品的时间序列数据可以看出，生胶（23）和纸浆及废纸（25）的进口比重不断增加，而鱼类、甲壳类及软体动物（03），牲畜饲料（08）和纺织纤维及其废料（26）的比重则逐步下降，其中纺织纤维及其废料（26）的进口下降最多，降幅超过60%。

中韩农产品贸易方面，中国向韩国出口的农产品主要为第03、第04、第05、第08、第26章的产品，其中，鱼类、甲壳类及软体动物（03）和蔬菜及水果（05）两类产品所占比重最大，而且这两类产品占农产品总出口的比重呈增加态势。2010年，韩国已是中国鱼类、蔬菜及水果类产品的第三大和第四大出口市场。韩国则主要向中国出口第03、第06、第23、第26章的产品，其中，生胶（23）和纺织纤维及其废料（26）所占的比重最大，但二者表现出不同的发展态势，生胶（23）占韩国向中国出口农产品的份额呈增加趋势，而纺织纤维及其废料（26）的份额则在急剧下降。

总体来说，中日、中韩贸易农产品非常集中，重点产品的贸易份额大，而且个别重点产品的贸易占总体农产品贸易的份额不断下降，这使得双边农产品贸易显得更加集中。这种过于单一的贸易产品结构必定会给贸易的健康发展带来不利的影响：一方面，一旦受外部环境的冲击，容易引起贸易产生较大的波动；另一方面，过于单一的贸易结构会制约贸易农产品市场的拓展，并妨碍贸易规模的扩大。

（三）中日韩有竞争力的农产品较少，但中国农产品竞争力大于日韩

根据国际贸易理论，一国依靠其要素禀赋，充分利用本国丰富资源生产具有比较优势的农产品，同时，通过贸易，进口有比较劣势的农产品。那么，农产品的比较优势应如何衡量呢？这里引入显示性比较优势（RCA）指数，该指数是由巴拉萨（Balassa，1965）提出，用一国某类产品出口占其出口总值的份额与世界该类产品出口占世界总出口值的份额之比来测算。国家 i 生产的 k 类产品的显示性比较优势指数可表示如下：

$$RCA_{ik} = \frac{X_{ik}/X_{wk}}{X_{it}/X_{wt}} \tag{7-1}$$

式中，X_{ik} 和 X_{wk} 分别表示国家 i 的 k 类产品和世界 w 的 k 类产品在一定时期 t 的出口量，X_{it} 和 X_{wt} 分别表示国家 i 和世界 w 在时期 t 的总出口量。如果 RCA 大于（或小于）1，则表明一国在某类产品的出口上具有（或不具有）比较优势。表 7-2 列出了中日韩主要贸易农产品的显示性比较优势指数。

表 7-2 中日韩主要贸易农产品的显示性比较优势指数

项目	1992 年			1997 年			2001 年			2008 年			2010 年		
	中	日	韩	中	日	韩	中	日	韩	中	日	韩	中	日	韩
01	0.61	0.00	0.08	0.81	0.00	0.21	0.72	0.00	0.05	0.18	0.01	0.01	0.21	0.01	0.01
03	1.90	0.23	1.83	1.82	0.24	1.13	1.80	0.22	0.91	1.21	0.36	0.51	1.31	0.39	0.53
04	1.41	0.04	0.05	0.75	0.04	0.12	0.55	0.33	0.10	0.10	0.01	0.06	0.10	0.05	0.08
05	1.66	0.03	0.27	1.29	0.02	0.13	1.19	0.02	0.19	0.81	0.02	0.08	0.85	0.02	0.08
06	2.68	0.04	0.59	1.19	0.04	0.49	0.44	0.02	0.42	0.32	0.05	0.29	0.30	0.03	0.28
08	1.17	0.06	0.08	0.37	0.04	0.04	0.35	0.05	0.07	0.33	0.03	0.06	0.32	0.03	0.06
23	0.08	0.70	0.55	0.21	0.89	0.83	0.16	1.29	1.49	0.10	0.99	1.94	0.16	1.06	1.80
24	0.34	0.01	0.05	0.36	0.01	0.01	0.32	0.01	0.01	0.25	0.01	0.01	0.20	0.02	0.00
25	0.01	0.00	0.01	0.04	0.00	0.01	0.11	0.00	0.01	0.42	0.05	0.01	0.03	0.50	0.08
26	1.98	0.51	1.14	0.93	0.56	1.67	0.90	0.74	1.72	0.71	0.78	1.51	0.61	0.75	1.19

资料来源：根据联合国商品贸易统计数据库（http://comtrade.un.org）数据整理。

中日韩三国都是以农户为基础、小规模经营为主的农业经营模式，虽然单位面积投入和产出较高，但农产品生产成本也很高，在国际市场上的竞争力通常较弱（田维明，2007）。从表7-2可以看出，中日韩的贸易农产品中，具有比较优势的农产品品种都较少。除极个别产品外，中国的RCA指数值均普遍大于日本和韩国。就现阶段而言，中国只在劳动密集型农产品上还具有比较优势，日本和韩国分别从20世纪50年代和80年代开始，在劳动密集型农产品上的比较优势逐渐丧失。

比较不同年份的RCA指数可以看出，由于劳动力资源相对丰富且廉价，中国的鱼类、甲壳类及软体动物（03），蔬菜及水果（05），纺织纤维及其废料（26）三大类劳动密集型产品的显示性比较优势都较明显，但其RCA指数却呈现出下降的趋势，原因可能是国内要素资源的成本正持续上升且贸易农产品的质量难以充分满足出口目标市场不断提高的要求，从而在一定程度上限制了比较优势的发挥。

日韩两国国土狭小、经济较发达、工业化与现代化程度高、劳动力昂贵，这使得其农产品竞争力日益萎缩。目前，日本仅有生胶（23）、韩国有生胶（23）、纺织纤维及其废料（26）两类产品具有出口竞争力，有限几个具有较大竞争力的产品占日本、韩国向中国出口农产品较大的市场份额。一旦这几个类别农产品的竞争力发生显著变化，必定会引起双边农产品贸易剧烈波动，从而破坏双边贸易关系的健康发展。

（四）中日、中韩农产品贸易的互补性较弱

中日、中韩农产品贸易是互补还是竞争直接关系到贸易潜力的大小以及贸易结构的吻合程度。本书引入贸易互补性指数，从农产品总体贸易结构层面来分析双边贸易互补性，以判断双边贸易的需求强度和进出口商品结构的吻合程度。依据Vollrath和Johnston（2001），贸易互补性指数计算定义如下：

$$C_{ij} = \sum_k \left(\frac{X_i^k}{X_i} \times \frac{M_w - M_i}{M_w^k - M_i^k} \times \frac{M_j^k}{M_j} \right) \tag{7-2}$$

式中，X_i^k表示国家i在商品k上的出口；X_i表示国家i的总出口；M_w表示世界总进口；M_i表示国家i的总进口；M_w^k表示世界在商品k上的进口；M_i^k表示国家i在商品k上的进口；M_j^k表示国家j在商品k上的进口；M_j表示国家j的总进口。

图 7-3 描绘了中国与日本、中国与韩国历年农产品互补指数的变动。可以看出，中日、中韩之间农产品贸易的互补程度较弱（互补性指数一直较小），且呈下降趋势，这说明中日、中韩之间的进出口产品结构吻合度较低，从而直接影响了双边贸易的进口需求效应和出口产品结构效应。造成这种现象有多方面的原因，其中最主要的恐怕是中日、中韩之间的农产品贸易摩擦频繁。

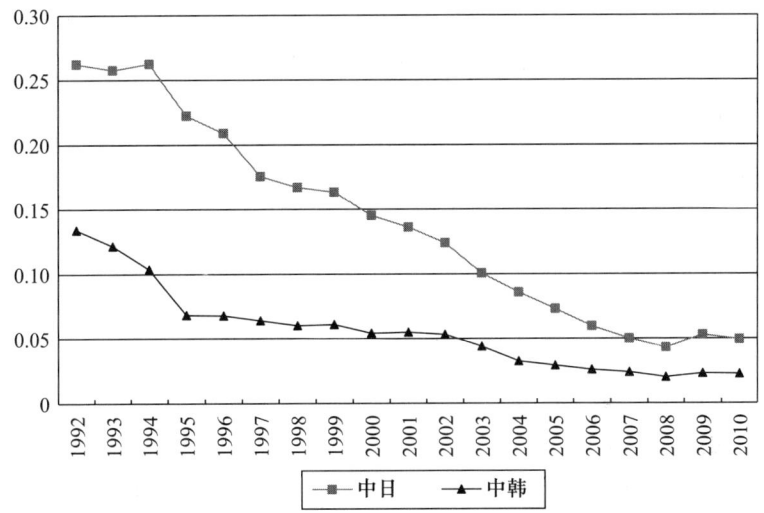

图 7-3 中国与日本、韩国农产品贸易互补性指数

加入 WTO 以来，中国对日韩的农产品出口规模显著扩大，日韩两国出于自身利益考虑对来自中国的农产品采取了多种限制措施，人为地设置了许多严格的贸易壁垒，使得中国农产品在日韩市场的准入程度不断提高。从已发生的贸易纠纷和日韩各自的区域贸易协定战略走向可以看出，中日韩三国的农产品贸易自由化进程不但没有推进，反而有一定程度的倒退。由此可以设想，在未来相当长的一段时间内，中日、中韩的双边农产品贸易需求效应和出口产品结构效应还将受反区域经济一体化思潮的影响。

三、恒定市场份额模型

(一) 模型概述

恒定市场份额 (Constant Market Shares, CMS) 模型假定,随着时间的变化,一国在出口市场的份额应当保持不变。如果其份额发生了变化则主要是受到进口需求效应、贸易结构 (包括产品结构和市场结构) 效应和出口竞争力效应的影响。该模型最先由 Tyszynski (1951) 提出,许多学者对 Tyszynski (1951) 模型进行了修正或改进,如 Leamer 和 Stern (1970)、Jepma (1986)、Fagerberg 和 Sollie (1987)、Milana (1988)、Ichikawa (1997) 等。

恒定市场份额模型原本主要用于分析一国对多个国家出口多样化商品的情形,因此,在考虑贸易结构时包括了产品结构和市场结构。运用 CMS 模型分析两国贸易关系时,Ichikawa (1997) 对该模型进行了修正,将原来同时包括产品结构和市场结构的贸易结构变为出口产品结构。Ichikawa (1997) 认为,影响国家或地区之间贸易增长的因素可被分解为进口需求效应、出口产品结构效应和出口竞争力效应三种。

进口需求效应反映进口国的需求增加而直接引致的一般性进口增加。出口产品结构效应衡量的是出口国的出口产品结构能否适时调整以满足进口国增长较快的商品需求,它反映了两国产品的匹配程度,也体现出两国的要素禀赋状况。出口竞争力效应就是一国产品在国际市场的竞争力。本节采用 Ichikawa (1997) 修正的 CMS 模型分析中日、中韩双边农产品贸易增长的影响因素。

假定存在 A 与 B 两个国家,A 向 B 出口。X 为 A 国向 B 国的出口总额,X_i 为 A 国向 B 国出口商品 i 的数额,m 为 0 期至 t 期 B 国的总进口增长率,m_i 为 0 期至 t 期 B 国进口商品 i 的增长率。如果 A 国要保持其向 B 国出口份额不变,则 A 国向 B 国的出口应增加 mX。然而,A 国向 B 国的实际出口额并不一定就等于应增加的出口额。因此,A 国向 B 国的出口可分为两部分:一是 B 国进口需求的增加 (m),二是尚未能被解析的残差。

$$X(t) - X(0) = mX(0) + X(t) - X(0) - mX(0) \qquad (7-3)$$

考虑到进出口商品种类问题,式(7-3)可以细分为:

$$X_i(t) - X_i(0) = m_i X_i(0) + X_i(t) - X_i(0) - m_i X_i(0)(其中, X = \sum X_i)$$
(7-4)

故式(7-4)可以改写为:

$$\begin{aligned}
X(t) - X(0) &= \sum X_i(t) - \sum X_i(0) \\
&= \sum m_i X_i(0) + \sum [X_i(t) - X_i(0) - m_i X_i(0)] \\
&= m\sum X_i(0) + \sum (m_i - m)X_i(0) + \sum [X_i(t) - X_i(0) - m_i X_i(0)] \\
&= mX(0) + \sum (m_i - m)X_i(0) + \sum [X_i(t) - X_i(0) - m_i X_i(0)]
\end{aligned}$$
(7-5)

经分解后得出的式(7-5)解释了 A 国向 B 国出口增长的影响因素:

第一项 $mX(0)$ 表示 B 国的进口需求效应,即 B 国进口需求增加带动了 A 国出口增加。

第二项 $\sum(m_i - m)X_i(0)$ 表示 0 期 A 国向 B 国出口商品的结构效应,即在 0 期 A 国向 B 国出口商品 i 的增长率是否大于或小于 B 国总进口的增长率。如果在 0 期 A 国向 B 国出口商品 i 的增长率大于 B 国总进口的增长率,则说明 A 国向 B 国集中出口那些市场增长相对较快的商品;反之亦然。

第三项 $\sum[X_i(t) - X_i(0) - m_i X_i(0)]$ 表示未被解释的残差,该项被称为出口竞争力效应,其可能因价格变动所致,解释如下:

假设 M_i 为 0 期 B 国进口商品 i, dM_i 为 0 期至 t 期 M_i 的变化,则:

$$\begin{aligned}
\sum [X_i(t) - X_i(0) - m_i X_i(0)] &= \sum \{X_i(t) - X_i(0)[1 + dM_i/M_i(0)]\} \\
&= \sum [X_i(t) - X_i(0)M_i(t)/M_i(0)]
\end{aligned}$$
(7-6)

再将式(7-6)最后一项的右边除以 $M_i(t)$,则有:

$$X_i(t)/M_i(t) - X_i(0)/M_i(0)$$
(7-7)

式(7-7)表示 t 期与 0 期相比,A 国向 B 国出口商品 i 的市场份额变动。

B 国的进口需求来源于 A 国和其他国家,而 A 国和其他国家的内在联系可以被表示为:

$$X_i/X_{wi} = f(P_i/P_{wi})$$
(7-8)

式中，P_i 表示 A 国向 B 国出口商品 i 的价格；P_{wi} 表示其他国家向 B 国出口商品 i 的价格；X_{wi} 表示其他国家向 B 国出口商品 i 的出口额。

式（7-8）两边同时乘以 P_i/P_{wi} 可得：

$$(P_i/P_{wi})(X_i/X_{wi}) = (P_i/P_{wi})f(P_i/P_{wi}) \quad (7-9)$$

考虑式（7-9），并由式（7-10）可知，只要 P_i/P_{wi} 不变，则 A 国向 B 国出口的份额保持不变：

$$\begin{aligned}
P_iX_i/(P_iX_i + P_{wi}X_{wi}) &= (1 + P_{wi}X_{wi}/P_iX_i)^{-1} \\
&= [1 + (P_iX_i/P_{wi}X_{wi})^{-1}]^{-1} \\
&= \{1 + [(P_i/P_{wi})f(P_i/P_{wi})]^{-1}\}^{-1} \\
&= g(P_i/P_{wi}) \quad (7-10)
\end{aligned}$$

将式（7-10）代入式（7-7）可得：

$$X_i(t)/M_i(t) - X_i(0)/M_i(0) = g[P_i(t)/P_{wi}(t)] - g[P_i(0)/P_{wi}(0)] \quad (7-11)$$

由式（7-11）可看出，式（7-5）中的第三项 $\sum [X_i(t) - X_i(0) - m_iX_i(0)]$ 可以被看成与价格相关的出口竞争力效应。即相对于其他国家而言，如果 A 国向 B 国出口的商品价格上升，出口竞争力将会下降，直接导致其不能维持 B 国原有的市场份额。

（二）贸易农产品定义及数据处理

根据实际研究需要，本节将 X 定义为农产品，X_i 为 SITC Rev. 3 的第 0、第 1、第 2、第 4 类商品（第 27、第 28 章除外）。为了更好地了解中日韩三国农产品贸易增长的影响因素，把 1992~2010 年的三国农产品贸易数据分成 1992~1997 年、1998~2001 年、2002~2007 年、2008~2010 年四个研究阶段，运用 CMS 模型分别测算各个时期双边农产品贸易的影响因素。

之所以划分为四个研究阶段，主要依据为：第一，1992 年中国改革了农产品贸易政策，如削减进口关税、降低出口退税、改革国营贸易等；第二，1997 年亚洲金融危机爆发，各国农产品贸易均受影响，而且中国农产品贸易自 1992 年以来逐步走向自由化；第三，2001 年中国正式加入了世界贸易组织（WTO），中日韩三国农产品贸易在这期间增长显著；第四，2008 年爆发的世界金融危机直接冲击了三国农产品贸易，相比加入 WTO 的一段时期，中日韩三国农产品贸易波动明显。上述四个研究阶段的划分与中日、中韩农产品贸易的实际波动趋势基本吻合（见图7-1和图7-2）。同时，按贸易流向不同，本节分别从中国向日本出口、日本向中国出口、中国向韩国出口、韩国向中国出口四个角度研究。

四、实证研究结果与分析

表7-3分别给出了中国与韩国、中国与日本农产品贸易市场模型的计算结果。由表7-3可以看出，通过测算不同效应在实际出口增长额中所占的比重，不仅可以识别三种效应对贸易增长的贡献，而且可以分析一国产品出口增长的动力和制约出口增长的因素。总体来看，尽管中国和日本、中国和韩国双边农产品贸易在波动中增长，但引起这些贸易增长的源泉在不同的时间段却不尽相同。

表7-3 中国与日本农产品贸易影响因素估计结果

单位：亿美元，%

项目	中国向日本出口							
	1992~1997年		1998~2001年		2002~2007年		2008~2010年	
	绝对额	贡献率	绝对额	贡献率	绝对额	贡献率	绝对额	贡献率
实际出口	20.79	100.00	14.25	100.00	26.02	100.00	14.50	100.00
进口需求效应	13.64	65.95	11.35	80.25	50.98	195.96	-7.30	-50.70
出口产品结构效应	-6.79	-32.66	-9.41	-66.48	-37.20	-143.00	4.75	32.98
出口竞争力效应	13.94	67.06	12.20	86.24	12.24	47.04	17.05	117.60
项目	日本向中国出口							
	1992~1997年		1998~2001年		2002~2007年		2008~2010年	
	绝对额	贡献率	绝对额	贡献率	绝对额	贡献率	绝对额	贡献率
实际出口	2.99	100.00	2.03	100.00	9.53	100.00	7.04	100.00
进口需求效应	2.38	79.49	3.89	191.50	18.54	194.49	4.11	58.46
出口产品结构效应	0.80	26.72	0.52	25.78	-2.66	-27.90	1.19	16.97
出口竞争力效应	-0.19	-6.21	-2.38	-117.28	-6.35	-66.59	1.73	24.57

（一）中国向日本出口农产品

表7-3分别给出了中国向日本出口农产品和日本向中国出口农产品两个CMS模型的估计结果。如表7-3所示，1992~1997年，中国向日本出口农产品增长主要由进口需求效应（65.95%）和出口竞争力效应（67.06%）所决定，而出口产品结构（-32.66%）不合理则是阻碍中国向日本出口农产品的主要原因。1998~2001年，进口需求效应和出口竞争力效应对农产品出口的解释能力比1998年之前的农产品出口贸易要好，而出口产品结构不合理对农产品出口增长的制约作用却越发明显（-66.48%）。

2002~2007年，中国加入WTO以后，日本从中国进口农产品的规模快速扩大，这使得进口需求效应成为了中国农产品向日本出口增长的首要原因，其解释了农产品出口增长的195.96%。同期，出口竞争力效应亦有47.04%的贡献率，但出口产品结构效应的逆向拉动作用十分显著，其贡献率为-143.00%。这说明，中国向日本出口农产品的产品结构过于单一，已严重地阻碍了贸易增长。受世界金融危机的影响，2008~2010年，中国向日本出口农产品明显减少，这主要因日本的进口需求下降，这一时期的出口增长主要靠出口竞争力效应和产品结构效应的正向拉动。

以上分析揭示，2001年之前，出口需求效应和出口竞争力效应促进了中国向日本农产品出口增长。中国加入WTO之后，与日本相比，中国农产品的比较优势更明显，出口竞争力效应对双边农产品贸易增长的主导作用增强。出口产品结构效应一直是中日农产品贸易的逆向拉动力量。2008年世界金融危机之后，在需求效应对中国向日本农产品出口起逆向拉动作用的同时，中国农产品出口结构做了灵活的调整，对中日农产品贸易增长起到了拉动作用。

（二）日本向中国出口农产品

如表7-3所示，1992~1997年，进口需求效应是日本向中国出口农产品的主要推动因素，解释了出口增长的79.49%，其次为结构效应（26.72%），而出口竞争力不足（-6.21%）影响着日本农产品对中国的出口。1998~2001年，因亚洲金融危机过后经济环境逐渐好转，中国对日本农产品的进口需求效应上升幅度较大——贡献率为191.50%，但出口却受到出口竞争力不足的阻碍（-117.28%），而出口产品结构效应则变化不大。

2002~2007年，中国加入WTO以来，因进口需求效应凸显（194.49%），有力地抵消了出口竞争力和出口产品结构产生的逆效应，从而确保了日本向中国出口农产品的增长。2008~2010年，日本向中国的农产品出口规模有所回落，这一时期，进口需求效应的贡献率虽然仍主导日本向中国出口农产品贸易增长，但该效应与之前的一段时期相比下降明显；同期，出口产品结构效应和出口竞争力效应亦显现出正向拉动作用。由此可见，日本向中国农产品出口贸易中，中国的进口需求效应一直是影响贸易增长的主要因素，而日本农产品出口竞争力不足和出口产品结构不合理则制约着其对中国农产品贸易规模的扩大。

（三）中国向韩国出口农产品

表7-4分别给出了中国向韩国出口农产品和韩国向中国出口农产品两个CMS模型的估计结果。如表7-4所示，1992~1997年，进口需求效应是拉动中国向韩国农产品出口增长的首要因素，其次为出口竞争力效应，而产品结构效应的制约作用则较明显。1998~2001年，受亚洲金融危机影响，韩国对中国农产品的进口需求效应明显减弱，此时，出口竞争力效应超过了进口需求效应，而出口产品结构效应（-8.67%）依然遏制着出口增长。

表7-4 中国与韩国农产品贸易影响因素估计结果

单位：亿美元，%

项目	中国向韩国出口							
	1992~1997年		1998~2001年		2002~2007年		2008~2010年	
	绝对额	贡献率	绝对额	贡献率	绝对额	贡献率	绝对额	贡献率
实际出口	5.64	100.00	8.44	100.00	16.23	100.00	3.82	100.00
进口需求效应	6.17	109.39	4.36	51.69	28.41	174.99	-0.77	-20.14
出口产品结构效应	-1.88	-33.27	-0.73	-8.67	-13.12	-80.85	0.85	22.27
出口竞争力效应	1.35	23.87	4.81	56.97	0.95	5.86	3.74	97.87
项目	韩国向中国出口							
	1992~1997年		1998~2001年		2002~2007年		2008~2010年	
	绝对额	贡献率	绝对额	贡献率	绝对额	贡献率	绝对额	贡献率
实际出口	6.06	100.00	-0.32	100.00	6.39	100.00	5.09	100.00
进口需求效应	1.10	18.22	3.94	-1237.27	11.47	179.49	2.89	56.81
出口产品结构效应	0.44	7.26	0.36	-113.14	-1.76	-27.58	1.42	27.96
出口竞争力效应	4.51	74.52	-4.62	1450.41	-3.32	-51.90	0.77	15.23

2002~2007年中国加入WTO后，中国向韩国出口农产品的实际出口额上升较快，增加了7.79亿美元。这主要归因于韩国的进口需求效应急剧反弹，贡献率高达174.99%，有力地保障了这一时期的出口增长，也弥补和掩盖了出口产品结构效应和出口竞争力效应的下降。然而，自2008年金融危机后，中国向韩国的出口锐减了近76%。该时期的进口需求效应逆向拉动作用显著，而出口竞争力效应和出口产品结构效应则对出口额的减少起到了抵消作用。

故可以看出，尽管进口需求效应是拉动中国对韩国农产品贸易增长的主导力量，但是中国对韩国农产品出口极易受外部经济环境的影响，进而引起进口需求效应变动，最终导致中国向韩国农产品出口贸易波动。此外，与中国向日本出口农产品的情况类似，相对于韩国，中国农产品出口竞争力效应明显，但是中国出口到韩国的农产品结构单一，不利于贸易增长。

（四）韩国向中国出口农产品

1992~1997年，出口竞争力效应是影响韩国农产品向中国出口增长的首要因素（74.52%），这充分说明了韩国农产品较强的竞争力是这一时期韩国向中国出口额增长的主要原因。1998~2001年，亚洲金融危机后，韩国对中国农产品出口骤减，该期的实际出口额较前期下降了105.28%，这主要是因为进口需求效应的逆向拉动导致出口减少了4.62亿美元，但是，出口竞争力效应和出口产品结构效应极大地缓解了韩国对中国农产品出口的进一步下滑。

2002~2007年，由于中国需求的有力拉动，韩国向中国的农产品出口恢复较快，该期的进口需求效应高达179.49%，从而有效地抵消了出口产品结构效应和出口竞争力效应的负作用。2008~2010年，韩国向中国出口农产品的贸易额较之前有所回落，这主要是因为进口需求效应较2002~2007年大幅度下降，进口需求效应的贡献率为56.81%，较上一期减少了122.68%。总体来看，随着时间的推移，影响韩国向中国农产品出口贸易的主导效应已由出口竞争力效应转变为进口需求效应。

五、研究结论与讨论

本章分别考察了中国与日本、中国与韩国农产品贸易的动态演变及总体特

第七章 中日韩农产品贸易关系与影响因素

征,并运用恒定市场份额模型剖析了中日、中韩双边农产品贸易增长的影响因素。研究发现,中国与日本、韩国之间农产品贸易产品相当集中,中日、中韩农产品贸易互补性弱。相对而言,中国农产品的竞争力要高于日本与韩国农产品竞争力,中国对日韩农产品贸易多年来一直是顺差。

从总体看,进口需求效应是主导中国向日本及韩国农产品出口贸易增长的力量。然而,中国加入WTO以后,出口竞争力效应对中国向日本及韩国出口农产品贸易增长中的拉动作用明显增强。与中国向日本出口农产品相比,中国向韩国出口农产品对进口需求效应的变化比较敏感;中国对韩国农产品的出口极易受外部经济环境的影响,进口需求效应稍有变动会直接引起贸易的波动。多年来,出口产品结构效应既制约中国向日本的农产品出口增长,也制约着中国向韩国的农产品出口贸易扩大。

从国别看,中国对日本农产品出口增长的主导力量已由出口产品结构效应转变为进口需求效应,而进口需求效应一直制约着中国向韩国农产品出口增长。日本向中国农产品出口贸易增长的主要影响因素是进口需求效应,而日本农产品出口竞争力不足和出口产品结构不合理则制约着其对中国贸易的增长。随着时间的推移,韩国向中国出口农产品的主导力量已由出口竞争力效应转为进口需求效应。

由于中日韩三国农业资源禀赋和经济发展水平差异,在需求效应的主导下,多边或双边框架下农产品市场开放将扩大中日、中韩双边农产品贸易规模。因此,建立中日韩自由贸易区会给三个国家的农产品贸易拓展更大的空间。但是,随着中国农产品市场开放程度的深化,中国农产品贸易的比较优势领域必将更加集中,重点产品的贸易在所有农产品贸易中所占的份额必将更大,这很可能加重双边农产品贸易的不平衡程度。如果这三个国家没有建立妥善的贸易合作格局,政治经济环境的稍许变化极易引起双边贸易波动。因此,如何调整和优化双边农产品贸易结构,对促进双边农产品贸易增长显得尤为重要。

中日韩自由贸易区(FTA)的官产学联合研究已完成多年。然而,下一步的谈判何时启动、以怎样的方式启动目前仍未确定,鉴于中日韩三国之间错综复杂的政治经济关系,何时可能真正建成自贸区就更难断言,最终实现中日韩三国FTA的目标需要中日韩三方共同努力。

本章研究并未把中日韩三国农产品贸易不同发展阶段特有的贸易环境纳入模

型，但是，恒定市场份额模型所包含的进口需求效应在一定程度上反映了贸易环境变化。事实表明，四个阶段的划分与中日、中韩农产品贸易实际波动趋势基本吻合。如果能对CMS模型做改进，并将具体的宏观贸易环境变量纳入分析框架，那将使研究更完善。

第八章 研究结论与讨论

一、区域贸易协定快速增加的原因及趋势

在多边贸易体制建立的早期,区域贸易协定就已经出现,随着国际经济的加速发展,区域贸易协定在当今全球化过程中扮演着越来越重要的角色。国际贸易的经验研究发现,贸易一体化不会产生很大的因资源配置带来的调整成本,这种平滑调整假说很受政策制定者的欢迎。因此,当多边贸易体制下的贸易自由化越来越困难的时候,区域贸易协定被许多WTO成员作为受欢迎的贸易政策工具。

从正在执行的规模不断扩大的区域贸易协定类别看,双边自由贸易协定(FTAs)是主要的类型,约占正在执行的区域贸易协定的84.6%。与多边谈判相比,双边谈判达成一致协议比较容易,而且双方的政策调整成本小、协定磋商和执行时间灵活,这都是FTAs快速增加的原因。

从根本上说,区域贸易协定的迅速增加与地缘政治有深刻渊源。由于多边贸易谈判进展缓慢、前景惨淡,促使许多国家转而推进区域贸易协定,以促进经济一体化。不同国家(地区)之间之所以签署自由贸易协定,不仅是从经济上考虑,还有基于更多的政治和安全因素的考量,后一种情况在亚洲尤为明显。

相邻区域间的贸易合作不断巩固的同时,跨地区之间的区域贸易协定不断增加,也就是说,洲际范围的贸易集团正在形成、区域结盟日益兴盛。从协议参与国家看,这些跨区域结盟往往由发达国家或新兴的经济大国主导,而且国家之间经济发展水平差距很大。从签署协议的目的看,区域贸易协定从最初的消除关税

壁垒目的转向了服务贸易、直接投资、政府采购等多目标方向发展。

这些现象的出现也再次引发了学者对区域贸易协定是否能实现其预期目标和签署自由贸易协定真正用意的广泛讨论。总体来看，跨区域贸易协定的快速增长，可能会破坏 WTO 多边贸易体制的基石、透明性和可预见性，而且贸易壁垒削减对经济福利的影响也需要新的评估，这也许会最终改变全球贸易模式。

二、双边贸易的理论基础及争议焦点

对国际贸易成因的阐释是国际贸易理论最基本的问题之一。古典及新古典贸易理论从偏好与要素禀赋差异、比较优势的视角揭示贸易的成因。然而，20 世纪 60 年代以来，经验研究发现，世界贸易的很大一部分是发生在要素禀赋相似的国家（或产业）之间，这是从供给角度揭示贸易基础的古典贸易理论及新古典贸易理论都不能解释的现象。而新贸易理论则认为，即使缺少偏好与要素禀赋的差异，也不存在李嘉图所说的比较优势，规模经济、垄断竞争和产品差异化也可以引起国家或地区之间专业化分工和贸易。

随着研究的深入，产业内贸易和产业间贸易从对立逐渐走向统一。重要的是，学者们发现了质量差别导致产业内贸易存在的证据。国际贸易的经验研究发现，贸易一体化不会产生很大的由于资源配置带来的调整成本，这种平滑调整假说很受政策制定者的欢迎。因此，当多边贸易体制下的贸易自由化越来越困难的时候，双边或区域贸易成为了一个次优选择，因而，区域贸易协定被许多 WTO 成员作为受欢迎的贸易政策工具。区域贸易协定也是当今世界多边贸易体制下一个主要和不可逆转的趋势。

尽管贸易理论一致认为自由贸易可以使得资源流向生产效率最高的国家，而且消费者可以为所消费的商品支付更低的价格。但在 RTAs 情形下，上述认识却不一定成立。关于 RTAs 争论的焦点是区别对待和潜在的贸易转向效应，这两点都对贸易体制有重要的政策含义。多边主义和区域主义一前一后出现，核心问题是区域主义是否损害多边贸易体制。与一般所认为的区域主义和多边主义是替代关系不同，因关税互补效应的存在，区域主义和多边主义之间可能是密切的互补关系。

三、贸易协定签订依据的研究方法

随着区域贸易协定规模的不断扩大,大量的经验研究文献分析双边建立自由贸易区可行性的前期研究及事后评价。从研究方法上看,大量文献仍然运用 Balassa(1965)所提出方法基础上的各种经典及改进的比较优势指数、产业内贸易指数、贸易集中度指数和贸易互补性指数等常用的衡量双边贸易模式的描述性统计方法,尽管已经有很多文献讨论这些方法,然而,使用这些方法用于识别双边农产品贸易模式的时候,仍需要注意这些方法的优缺点及可能的解释陷阱。

随着区域贸易协定规模的不断扩大,涌现了许多双边自由贸易协定前期可行性研究及事后评价的经验研究文献。从研究方法上看,这些文献依然采用的是 Balassa(1965)提出 RCA 指数方法及在 RCA 方法基础上的各种变换、改进或修订的方法。

笔者认为,FTA 事前评估中,应基于事后贸易数据(Post - trade Data),采用基于比较优势、产业内贸易、贸易集中度和贸易互补的分析框架。比较优势讨论的是基于资源禀赋的国家间专业化分工,解释贸易的可能方向;产业内贸易研究的是,国家间的资源禀赋类似时,出口和进口在总体贸易中的重叠程度,即可能的贸易机会;贸易集中度是分析国家间贸易流量的决定因素;贸易互补是讨论国家间出口专业化模式和进口专业化模式的匹配性。

(一)显示性比较优势指数

Balassa(1965)所提出的 RCA 指数有两个主要的缺陷:一是指数值在平均值两侧呈非对称分布;二是指数值对国家数量和部门数量很敏感。指数值的非对称性会给专业化分工模式研究带来一系列问题,而第二个缺陷造成 BL 指数值的解释相当复杂。

BL 指数的三种解释分别是分界线、基数和序数。经验研究证实,这三种解释都存在很大的争议。BL 指数不能作为二分法的分界线的原因是,计算 BL 指数是某个时点的数值,并没有考虑随机或周期性因素对出口的影响。如果要从基数和序数角度解释 BL 指数,需要了解指数值的分布,并能根据某个标准给商品的比较优势排序。由于存在政策或其他贸易扭曲行为，且 BL 指数值对国家和部门数量很敏感，按照某个标准给商品的比较优势排序是不可能的。

也就是说，政策或其他贸易扭曲行为——补贴——的存在，从 RCA 指数中可以观察出的比较优势并不能揭示真实的比较优势。同时，RCA 指数要求，已有的贸易壁垒对同种商品的不同供应商不存在歧视，然而，双边或多边自由贸易协定、自愿出口限制协定等政策措施则存在明显的歧视。RCA 方法的另一个缺点是，它不如资源成本系数方法那样有很强的政策含义。

RCA 方法提供了一个国家间专业化模式的系统分析框架。如果要考察真实的比较优势，可以分析专业化模式的时序数据。重要的是，产品或产业层次的专业化分工与国家水平贸易绩效的深入讨论引发了对产业内贸易理论及其测算方法论方面的广泛研究。

（二）产业内贸易指数

理论研究方面主要关注的是产业内贸易存在和发展原因的解释，而产业内贸易度量问题引起广泛讨论源于 20 世纪 70 年代 Grubel 和 Lloyd（1975）对 Balassa（1965）方法的质疑。实践表明，两个没有解决的问题严重削弱了产业内贸易经验研究结果的说服力：一是缺乏恰当的方法度量产业内贸易；二是如何定义产业及在什么样的细分水平下可以更好地观察到产业内贸易现象，这两个问题往往交织在一起。

产业内贸易经验研究中广泛应用的依然是 Grubel 和 Lloyd（1975）提出的 GL 指数。然而，GL 指数度量的是产业内贸易的相对程度，而不是产业内贸易的绝对量，在实际应用中，产业内贸易指数被不加区分地在两个方面应用。特别是，如果要比较不同细分水平的产业内贸易指数值大小，GL 指数会带来严重的问题。这是因为，GL 指数没有考虑到经济体细分部门的贸易盈余或赤字所造成的贸易不平衡。

一般来说，总体贸易不平衡越大，该指数就越向下偏斜，即低估产业内贸易水平。这种有偏结果主要是由不正确的区域加总或产业部门加总而造成贸易不平衡所带来的。Aquino（1978）试图矫正贸易不平衡对 GL 指数的影响，并提出了一个新的产业内贸易测算指数。但 Aquino 提出的指数与 Michaely（1962）提出的贸易集中度指数完全相同，Michaely 指数常用来计算产业水平的贸易相似度或贸易集中度，而不是贸易重叠度，这个指数与贸易模式的关联不大。

除贸易不平衡需要矫正外，产业内贸易度量中还存在分类加总造成的产业内贸易假象问题。分类加总问题使得产业内贸易度量变得相当复杂。许多学者尝试建立特定水平的分类加总或调整 GL 指数以解决分类加总造成的产业内贸易度量假象。然而，这仍然没有解决如何定义产业和解释指数值的标准两个关键问题。有学者评论，产业内贸易理论概念与贸易重叠的经验分析之间的联系已经断裂。那些试图克服 GL 指数缺点而构造的指数并不是测算产业内贸易的理想指标，正因如此，许多经济学家仍然倾向于使用没有调整的 GL 指数。

GL 指数需谨慎解释。因为 GL 指数值随数据加总水平上升而增加，所以不同加总水平的 GL 值无法直接比较。更需要注意的是，除非在极其细分的层次上进行计算，GL 指数可能含有垂直贸易，这一现象与产品趋同和垄断竞争毫无关系。

（三）贸易集中度指数

贸易集中度指数可以看作区域一体化程度是否增强的事前指示器。区域贸易协定评估的第一步往往是测算协定成员国之间的实际贸易集中度。贸易集中度依据现有贸易流量度量——所考察区域内各国之间的相互贸易相对于区域外其他国家贸易——相对集中程度，从而提供区域一体化协议对潜在福利影响的信息。

贸易集中度试图回答国家间贸易流的决定因素。至今这一问题也未能从李嘉图和赫克歇尔—俄林的理论中得到完全满意的解释。实证研究中有两种常用方法考察双边贸易流的决定因素，即引力模型和贸易集中度指数。与引力模型不同，贸易集中度指数并不试图解释国家间的进口或出口贸易，该方法主要用来分析实际贸易量和用引力模型估计的贸易量——贸易潜力——之间的差异，它所关注的是贸易阻力差异对双边贸易流的影响。

Kunimoto（1977）认为，看得见或看不见的影响世界贸易的阻力可以分为两类：一类影响国家间的进出口贸易水平；另一类影响贸易的地理分布。在一个不存在后一类型贸易阻力的世界里，没有影响贸易地理方向的因素，仅前一种类型的贸易阻力影响世界贸易流。

区域贸易集中度或区域贸易份额这些简单的指数有两个方面的缺陷：一是指数值对国家大小和区域内的国家数量敏感；二是很可能违背地理中性假设，即 Kunimoto（1977）提出的第二类贸易阻力。因而，区域贸易集中度或区域贸易份额方法既不适于用来评价单个区域的贸易一体化动态，也不适于把不同区域的指数值拿来比较。

为了克服上述贸易份额方法的缺陷，Brown（1947）提出了贸易集中度指数的方法，Kojima（1964）对 Brown（1947）的贸易集中度指数进行了修正，使这个方法在经验研究中有广泛的应用。尽管贸易集中度指数避免了区域贸易份额方法的缺陷，但是贸易集中度指数仍然对国家大小和区域内的国家数量敏感。总体来看，贸易集中度指数有取值范围的可变性、非对称性与符号一致性三方面的缺陷，这些缺陷制约了贸易集中度指数的解释和应用。

取值范围的可变性意味着，不同区域或不同时期计算所得的贸易集中度指数值不易直接比较。使用 Dalum 等（1998）在研究 Balassa 的 RCA 指数非对称性时提出的转换方法，贸易集中度指数可以直接比较，但该指数经变动后存在符号一致性问题，因而，运用该指数评价区域贸易一体化的政策效果可能有问题。

Brown（1947）与 Kojima（1964）所使用的贸易集中度指数简化了进口和出口国家的规模效应，且仅关注贸易阻力对双边贸易流的影响。因而，贸易集中度指数是双边相对贸易阻力的粗略指数，它没有反映双边贸易商品结构（贸易互补性）的变化。为此，Drysdale（1969）构建了一个新的指数，以修正 Kojima 等使用的贸易集中度指数。Drysdale 把贸易集中度指数分解为互补性指数和偏斜指数两部分，贸易集中度指数是贸易互补性指数与贸易偏斜度指数的乘积。商品结构效应对贸易集中度的影响通过贸易互补指数衡量，国家偏斜指数度量贸易阻力对贸易集中度的平均影响。

Drysdale 做出这样分解的假定是，世界贸易中每个国家的商品结构对贸易流的影响互相独立。如果关税或运输成本结构变动，那么进口、互补性及贸易偏斜度都会受其影响。在这种情形下，贸易偏斜度和贸易互补性之间的区别就不明显了。

贸易集中度受许多因素影响。贸易集中度指数是纯粹描述性的，并且该指标并没有控制或仅仅是不完全控制那些影响双边贸易的因素以及那些仅在引力方程中真正可控的因素。这也是引力模型有广泛应用的重要原因。然而，引力模型和贸易集中度指数之间并不是对立的关系，可以把二者结合起来对比分析价格和收入对世界贸易的影响。

（四）贸易互补性指数

贸易互补性指数源于 Linnemann（1966）对 Tinbergen（1962）引力模型的修正。Linnemann 在 Tinbergen 的贸易引力模型中引入了贸易互补性指数作为解释变量,以衡量一个国家(或地区)的出口模式与另一个国家(或地区)进口模式的匹配度。

Drysdale 和 Garnaut(1982)认为,Linnemann(1966)提出的贸易互补性指数只能粗略地描述由国家间资源禀赋和生产结构差异所形成的贸易集中度,但该指数没有考虑到贸易双方的贸易结构与世界贸易结构的匹配问题。因而,他们认为,其在 1969 年提出的把进出口国贸易结构与世界贸易结构相结合的贸易互补性指数更适用。

Drysdale(1969)认为,两个国家之间的贸易集中度比这两个国家与世界其他国家之间的贸易集中度高或低,取决于商品偏斜和国家偏斜两个因素,商品偏斜用贸易互补性指数度量,而国家偏斜考虑的是商品偏斜之外的其他因素对双边贸易流的影响。

Drysdale 定义的贸易互补性指数衡量的是,与世界进口模式相比,哪一个国家的出口模式与另一个国家进口模式较匹配。贸易互补性指数值大小取决于比较优势(出口专业化)与比较劣势(进口专业化)。

Yamazawa(1970)对 Drysdale 指数做了一个更严谨的表述。而且,Yamazawa 还通过举例表明,国家间贸易互补程度不仅受出口和进口专业化结构匹配度的影响,还受出口与进口专业化结构集中或差异化程度的影响。专业化出口结构高度集中的国家往往与出口专业化结构差异较大的国家有较强的互补性。

Vollrath 和 Johnston(2001)借助显示性比较优势指数和比较劣势指数,利用加权平均方法所构造的贸易互补性指数比 Yamazawa 对 Drysdale 指数的表述更严谨。实际上,在产业加总层面,Vollrath 和 Johnston 的指数与 Drysdale 的指数完全相同,只是 Drysdale 对世界总商品进口做了矫正,而经加权处理后,Vollrath 和 Johnston 的指数更容易从比较优势与比较劣势的角度去理解。

经验研究中,Michaely(1966)提出的贸易兼容性指数也常被用来测算国家间的贸易互补性。实际上,Michaely 提出的贸易兼容性指数与产业内贸易指数的式子完全相同,只是 Michaely 用这个式子度量多边贸易的相似度。笔者认为,基于比较优势理论构造的贸易互补性指数有较强的理论基础,更适于度量两个国家出口和进口模式的匹配度。当然,经验研究中选择什么样的指数取决于具体的研究问题和研究情景。应避免指数选取的随意性或为了迎合某些预期的结论而有目的地选取不同的指数。

四、中国与潜在双边贸易协定国家间的农产品贸易关系

（一）中国与澳大利亚农产品贸易

对于出口导向型的澳大利亚农业来说，中国是其重要的出口市场，但受国内自然气候和中国贸易政策变动的双重影响，中国与澳大利亚农产品贸易呈快速上升趋势，但波动很大。目前，澳大利亚市场对中国农产品出口来说重要性不强。中国和澳大利亚农产品贸易强度不断增加。中国农业发展虽然有劳动力充裕所决定的低成本优势，但由于基础薄弱、资金缺乏、技术落后等原因，农产品质量不高，农产品的国际竞争力较低；澳大利亚长期以来是一个农产品商品化率较高的国家，农业生产率相对较高，且其生产的大部分农产品都出口，农产品具有很强的竞争力。中国可以考虑除农产品贸易之外与澳大利亚开展更广泛的农业合作，因为澳大利亚在农业技术、装备、人才、资金和管理经验方面具有很大的优势。

中国和澳大利亚农产品贸易在很大程度上都是产业间贸易，产业内贸易程度不高。近年来，两国农产品贸易的集中度不断提高。两国农产品贸易在各自比较优势的领域进行，中国和澳大利亚农产品贸易存在很强的互补性，两国农产品贸易具有很大的潜在利益。因此，两国农产品贸易有很大的提升空间，但这种贸易空间的提升可能是不平衡的。中国和澳大利亚短时期贸易结构不会发生显著的变化。两国通过建立自由贸易区来健全合作机制将是一个双赢的交易，同时对推动多边农产品贸易改革，为农产品开创公平和开放的国际市场将产生积极的影响。

（二）中国与印度农产品贸易

虽然中国与印度建交早，但由于两国均为农业大国、小农经济为主，又同为新兴经济体，加上地缘政治的原因，在较长一段时间内，两国农产品贸易一直在低水平徘徊。进入21世纪之后，得益于双方经济成长和世界贸易市场的开放，双边农产品贸易呈现明显上升势头，但这种显现出来的增加趋势与增长潜力相比，仍有相当大的提升空间。

研究表明：第一，中印农产品贸易发展较快，且呈现出不断增长的趋势。但双方贸易地位是不对等的，中国存在着巨额的贸易逆差，且逆差呈不断增加趋势。第二，两国农产品贸易基于各自的要素资源禀赋，中国向印度主要出口劳动密集型农产品，而印度向中国则主要出口土地密集型农产品。第三，中印两国农产品贸易的出口集中度较高，但主要为产业间贸易，产业内贸易程度低。第四，中印两国贸易农产品的比较优势差异明显，农产品出口的竞争力与其贸易结构基本一致。第五，中印两国农产品贸易具有一定的互补性，但印度向中国出口农产品的互补性明显大于中国向印度出口农产品的互补性。

虽然研究表明中印农产品贸易规模与两国的市场容量不相称，鉴于中印两国经济发展潜力和扩展的市场需求，显然，两国农产品贸易有较大的发展潜力，但贸易合作关系的加强极有可能导致中国在农产品贸易上的逆差加大，从而在双边农产品贸易关系中处于被动局面。因此，加强中印双边农产品贸易的分析和研究，寻找促进中国农产品在印度市场贸易增长的方法和路径对双方建立持续稳定的贸易关系非常必要。

我们也要注意到，印度和中国相似，大量人口的收入和就业都依赖农业，也经历过食物短缺，1947年印度独立后，自给自足是其农业政策的基本出发点（文富德，2003）。经历过20世纪90年代初的农业经济改革后，农业贸易政策以出口为导向，试图通过出口带动其国内收入与就业增加，农产品进口贸易壁垒依然很高。

相比较而言，在过去30年里，中国对农业的政策干预发生了巨大的变化，中国已经成为世界上农业干预最少的国家之一，中国农业经济已基本融入全球市场（黄季焜等，2008），在农产品贸易上，中国更倾向生产具有比较优势的农产品。

中印两国农产品市场开放程度不同及经济发展水平的差异，食物安全在各自经济体系中的考量也不同，尤其是随着中国劳动力禀赋的减弱，这很可能影响双方能否最终达成FTA。实际上，印度与南亚早在2004年就建立了自由贸易区，其与韩国、日本也建立了自由贸易区，与欧盟之间的FTA也在谈判中，① 唯独与中国，印度相当谨慎。目前看，两个国家同时加入一个较大区域性的经济贸易协

---

① 印度与南亚自由贸易区涉及的国家包括孟加拉国、印度、尼泊尔、斯里兰卡、不丹、马尔代夫、巴基斯坦、阿富汗；印度与韩国、日本的FTA分别在2010年和2011年生效；2007年，印度与欧盟发起FTA磋商。

定，比如，RCEP，① 也许比较现实。

（三）中国与巴西农产品贸易

中国和巴西同是新兴经济体代表的金砖国家。经济发展引致的居民食物消费结构变化使得巴西土地资源密集型农产品在中国有巨大的需求空间，中国是巴西最大的农产品进口国，也是仅次于美国的南美农产品出口目的国，巴西是中国在拉美最重要的贸易伙伴。研究表明：

第一，中国和巴西之间的农产品贸易发展很快，但两国的贸易地位不对等，两国农产品贸易以中国从巴西进口为主，已存在着巨大的贸易逆差，随着农产品贸易的深化，逆差很可能继续增加。

第二，两国农产品贸易基于各自的要素禀赋，中国主要向巴西出口劳动密集型农产品，而巴西则主要向中国出口土地密集型农产品。

第三，中巴农产品贸易的出口集中度较高，但产业内贸易水平较低，主要为产业间贸易，而且贸易产品单一。

第四，双边农产品贸易不仅反映了两国的农业资源禀赋，还体现了两国的农产品比较优势，两国贸易农产品比较优势差异明显。农产品出口竞争力与其贸易结构大体一致。

第五，中巴农产品贸易具有较强的互补性。巴西向中国出口农产品的互补性较强，而中国向巴西出口农产品的互补性相对较弱。理论上，两国农产品贸易存在着较大的提升空间，但这种提升可能是不平衡的。中巴农产品贸易合作关系的加强将极有可能使中国农产品贸易逆差继续扩大。

从长远说，中国应该充分关注巴西市场，以深化双边农产品贸易甚至农业领域的投资。中巴两国应该通过农产品贸易快速增长的机会建立更密切的合作关系，可以借鉴中国与澳大利亚的贸易谈判，考虑签订 FTA。中国企业可以抓住巴西经济成长中的投资机会，包括农业基础设施和农业技术领域的投资，而巴西则可以利用中国农产品消费市场带动其农业发展。这不但可以增加贸易农产品的多样化，优化农产品贸易结构，还可能减少中巴之间的农产品贸易逆差。

---

① RCEP 是 Regional Comprehensive Economic Partnership 的简称，由东盟 10 国领导人在 2012 年的第 21 届东盟峰会上提出，得到中国、日本、韩国、印度、澳大利亚和新西兰的响应，因此也称作"10 + 6"。

(四) 中国与日本、韩国农产品贸易

研究发现，中国与日本、韩国之间农产品贸易产品相当集中，中日、中韩农产品贸易互补性弱。相对而言，中国农产品的竞争力要高于日本与韩国农产品竞争力，中国对日韩农产品贸易多年来一直是顺差。

从总体看，进口需求效应是主导中国向日本及韩国农产品出口贸易增长的力量。然而，中国加入 WTO 以后，出口竞争力效应对中国向日本及韩国出口农产品贸易增长中的拉动作用明显增强。与中国向日本出口农产品相比，中国向韩国出口农产品对进口需求效应的变化比较敏感；中国对韩国农产品的出口极易受外部经济环境的影响，进口需求效应稍有变动会直接引起贸易的波动。多年来，出口产品结构效应既制约中国向日本的农产品出口增长，也制约着中国向韩国的农产品出口贸易扩大。

从国别看，中国对日本农产品出口增长的主导力量已由出口产品结构效应转变为进口需求效应，而进口需求效应一直制约着中国向韩国农产品出口增长。日本向中国农产品出口贸易增长的主要影响因素是进口需求效应，而日本农产品出口竞争力不足和出口产品结构不合理则制约着其对中国贸易的增长。随着时间的推移，韩国向中国出口农产品的主导力量已由出口竞争力效应转为进口需求效应。

由于中日韩三国农业资源禀赋和经济发展水平差异，在需求效应的主导下，多边或双边框架下农产品市场开放将扩大中日、中韩双边农产品贸易规模。因此，建立中日韩自由贸易区会给三个国家的农产品贸易拓展更大的空间。但是，随着中国农产品市场开放程度的深化，中国农产品贸易的比较优势领域必将更加集中，重点产品的贸易在所有农产品贸易中所占的份额必将更大，这很可能加重双边农产品贸易的不平衡程度。如果这三个国家没有建立妥善的贸易合作格局，政治经济环境的稍许变化极易引起双边贸易波动。因此，如何调整和优化双边农产品贸易结构，对促进双边农产品贸易增长显得尤为重要。

中日韩自由贸易区（FTA）的官产学联合研究已完成多年。然而，下一步的谈判何时启动、以怎样的方式启动目前仍未确定，鉴于中日韩三国之间错综复杂的政治经济关系，何时能真正建成自贸区就更难断言，最终实现中日韩三国 FTA 的目标需要中日韩三方共同努力。

五、讨论

WTO 依然是国际贸易的主要制度安排。乌拉圭回合以来，FTAs 的兴起确实改变了国际贸易的前景。不能否认，FTAs 确实促进了贸易自由化，但 FTAs 能在多大程度上取代 WTO 框架下的多边贸易自由化？这并没有一致的意见。

面对 FTAs 的快速增加，WTO 也做出了很多努力，试图重新理解区域主义与多边主义之间的关系。根据 2015 年 WTO 的内罗毕宣言，WTO 成员国重申，应该确保 RTAs 与 WTO 框架下的多边主义是互补关系，而不是替代关系。WTO 的区域贸易协定委员会也在评估 RTAs 与 WTO 的关系，强调应该增加 RTAs 的透明机制，以更好地管理 RTAs 在原产地规则下造成的"面条碗效应"（Spaghetti Bowl Effect）。

尽管如此，没有任何迹象表明，FTAs 推动下的贸易自由化是一个可逆的过程。实际上，自 1995 年 WTO 成立以来，多边贸易谈判没有取得太多实质性成果，多哈回合贸易谈判陷入僵局，特别是 2008 年全球金融危机之后，世界贸易增长速度大幅下滑，各国对 WTO 框架下的多边贸易体制已经丧失信心，WTO 有边缘化的危险。

FTAs 签署前期可行性研究及事后绩效评价中，除了依据双边贸易增长率测算贸易绩效外，还可以利用各种指数方法评价贸易伙伴间的贸易发展轨迹及未来的拓展方向，进而通过这种描述性的分析理解贸易双方的利益及各自的参与成本。

事实上，利用指数方法度量中国与潜在自由贸易伙伴国家间农产品贸易关系，这只是一种描述性分析，也就是解决"是什么"的问题。至于造成这种状况的原因及其决定因素，也就是解决"为什么"的问题，需要运用计量经济分析技术进一步研究。本书研究的着力点在第一个方面。这也是造成对各种经验研究结果给出接近事实解释比较困难的一个原因。

本书的一个目标是尝试修正经验研究中常用于甄别双边贸易基础的指数方法。研究过程中发现，这是一个无法完成的任务。原因有两个方面：一是试图修正这些指数的文献汗牛充栋，为了克服原有指数的某个缺陷而构建的指数往往会带来其他问题，从而影响所构建指数的适用性；二是随着企业层面的贸易数据逐步可得及计量经济研究技术的发展，可以借助严谨的计量经济模型，识别贸易的基础及其各因素之间的因果关系，这比各种用于描述性分析指数方法所得到的结论更有洞察力和说服力。

本书研究了中国与潜在自由贸易伙伴间农产品贸易关系，特别是探讨了中国与这些国家建立自由贸易区对中国农业的潜在影响。研究如进一步讨论贸易农产品在双边贸易协定情形下关税水平及其他贸易壁垒可能的变化，进而再讨论这些变化对中国农业部门的潜在影响，可能使研究更充实。

加入 WTO 10 年来，无论是发达国家的澳大利亚，还是发展中国家的巴西和印度，抑或东亚的日本和韩国，中国与这些国家之间的农产品贸易有互补性，但互补性呈下降趋势，其中的原因需要通过其他研究方法，如出口相似度指数（Export Similarity Index）进一步验证，但互补性下降背后的经济含义特别需要注意。

附 录

附表 WTO通报的正在执行的区域贸易协定（1995~2013年）

年份	数量	类型							范围		
		FTA	EIA	FTA/EIA	PSA	CU/EIA	CU	PSA	G/S	G	S
2013	21	7	—	12	1	1	—	—	13	8	—
2012	23	8	—	13	—	—	2	—	13	10	—
2011	15	5	—	10	—	—	—	—	10	5	—
2010	13	4	—	5	—	—	1	3	5	8	—
2009	19	4	—	14	—	—	—	1	14	5	—
2008	27	7	—	20	—	—	—	—	9	18	—
2007	12	4	—	7	—	—	1	—	7	5	—
2006	11	4	—	6	—	1	—	—	7	4	—
2005	9	3	—	5	—	—	1	—	5	4	—
2004	15	7	—	6	1	1	—	—	7	8	—
2003	9	3	—	6			—		6	3	
2002	6	3	—	3	—	—	—	—	3	3	—
2001	12	8	—	4	—	—	—	—	4	8	—
2000	8	6	—	1	—	1	—	—	2	6	—
1999	12	8	—	—	—	—	3	1	—	12	—
1998	2	1	—	—	—	—	1	—	—	2	—
1997	5	3	—	1	—	—	—	1	1	4	—
1996	3	2	1	—	—	—	—	—	—	2	1
1995	5	—	—	2	—	1	2	—	3	2	—

注：FTA是自由贸易协定；EIA是区域一体化协定；PSA是部分范围的协定；CU是关税同盟。G是商品；S是服务。

资料来源：WTO区域贸易信息系统（http://rtais.wto.org/UI/PublicSearchByCrResult.aspx）。

参考文献

[1] Achy, L. (2006). Assessing regional integration protential in North Africa.. United Nations Economic Commission for Africa. http: //www. uneca. org/sites/default/files/uploads/trade2006. pdf.

[2] Ahmadi – Esfahani, F. Z. (2006). Constant market shares analysis: Uses, limitations and prospects. The Australian Journal of Agricultural and Resource Economics, 50: 510 –526.

[3] Ahn, H., Lee, C. and Lee H., (2006). Analysis of a China – Japan – Korea free trade area: A sectoral approach. U. S. – Korea Academic Symposium. http: //www. keia. org/sites/default/files/publications/02Ahn. pdf.

[4] Anderson, J. E. and Wincoop, E. V. (2001). Borders, trade and welfare. NBER Working Paper, No. 8515. http: //www. nber. org/papers/w8515. pdf.

[5] Anderson, K., Norheim, H. (1993). From imperial to regional trade preferences: Its effect on Europe's intra – and extra – regional trade. Weltwirtschaftliches Archiv, 129: 78 –102.

[6] Andriamananjara, S., Cadot, O. and Grether, J. M. (2010). Tools for applied trade – policy analysis: An introduction. http: //www. hec. unil. ch/crea/publications/autrespub/Tools4. pdf.

[7] Aquino, A. (1978). Intra industry trade and inter industry specialization as concurrent sources of international trade in manufactures. Weltwritschaftliches Archiv, 114: 275 –295.

[8] Andreosso – O'Callaghan, B. (2009). Economic structural complementarity: How viable is the Korea – EU FTA? Journal of Economic Studies, 36: 147 –167.

[9] Anonymous. (2005). Agriculture in Brazil and China: Key findings from the OECD. Economic & Market Information, Canadian Agricuture and Food International (CAFI) Program.

[10] Austalan Film Commission. (2005). Australia – China free trade agreement: Joint feasibility study, China FTA Study Taskforce, DFAT, Canberra.

[11] Balassa, B. (1965). Trade liberalization and "Revealed" Comparative Advantage. The Manchester School of Economic and Societal Studies, 33: 99 – 123.

[12] Balassa, B. (1977). "Revealed" comparative advantage revisited: An analysis of relative export shares of the industrial countries, 1953 – 1971. The Manchester School of Economic and Social Studies, 45: 327 – 344.

[13] Balassa, B. (1979). The changing pattern of comparative advantage in manufactured goods. Review of Economics and Statistics, 61: 259 – 266.

[14] Balassa, B. (1986). Comparative advantage in manufactured goods: A reappraisal. Review of Economics and Statistics, 68: 315 – 319.

[15] Ballance, R. H., Forstner, H. and Murray, T. (1987). Consistency tests of alternative measures of comparative advantage. Review of Economics & Statistics, 69: 157 – 161.

[16] Beckerman, W. (1956). Distance and the pattern of inter – European trade. Review of Economics and Statistics, 38: 31 – 40.

[17] Bergstrand, J. (1983). Measurement and determinants of intra – industry international trade. In: Tharakan, P. (Ed.), Intra – industry trade, empirical and methodological aspects, 201 – 253, Amsterdam: Netherlands.

[18] Bhagwati, J. (1995). US Trade Policy: The Infatuation with FTAs, Columbia University Discussion Paper Series, No. 726.

[19] Bhattacharya, S. K., Bhattacharyay, B. N. (2007). Gains and losses of India – China trade cooperation: A gravity model impact analysis. CESifo Working Paper, No. 1970.

[20] Bowen, H. P. (1983). On the theoretical interpretation of indices of trade intensity and revealed comparative advantage. Review of World Economics, 119 (3): 464 – 472.

[21] Braga, C. A. P., Safadi, R. and Yeats, A. (1994). Regional integra-

tion in the Americas: Déjà Vu all over again? World Economy, 17: 577 – 602.

[22] Brown, A. J. (1947). Applied economics: Aspects of the World Economy in War and Peace. London, 212 – 226.

[23] Brülhart, M. (1994). Marginal intra – industry trade: Measurement and relevance for the pattern of industrial adjustment. Weltwirtschaftliches Archiv, 130: 600 – 613.

[24] Bruno, M. (1965). The optimal selection of export – promoting and import substituting projects. In: Planning the external sector: techniques, problems and policies. New York: United Nations.

[25] Bruno, M. (1972). Domestic resource cost effective protection: Clarification and synthesis. Journal of Political Economy, 80: 16 – 33.

[26] Bruno, M. (1984). The optimal selection of export promoting and import substituting projects. Higher Education Review, 16: 17 – 33.

[27] Canadian Agricuture and Food International (CAFI) Program. (2005). Agricuture in Brazil and China: Key finding from the OECD. http: //ageconsearch. umn. edu/pre_ e. pdf.

[28] Cai, J., Leung, P. (2005). A review of comparative advantage assessment approaches in relation to aquaculture development. http: //www2. hawaii. edu/ ~ junning/AIP. pdf.

[29] Carney, M. K. (1973). Agricultural trade intensity: The European markets and the U. S. American Journal of Agricultural Economics, 55 (4): 637 – 640.

[30] Chen, Y. F. (2004). China's food: demand, supply and projections. China Agricultural Press, Beijing.

[31] Chow, P. C. Y. (2012). Is East Asia a "Natural Trade Bloc"? The trade complementarity index, the intensity index, and the bias index. In: Trade and industrial development in East Asia: Catching up or falling Behind, Chapter 8, 300 – 347, Edward Elgar Publishing.

[32] Crawford, J. A., Fiorentino, R, V. (2005). The changing landscape of regional trade agreements. WTO Discussion Paper, No. 8.

[33] Dalum, B., Laursen, K. and Villumsen, G. (1998). Structural change in OECD export specialization patterns: De – specialisation and "stickiness".

International Review of Applied Economics, 12 (3): 423 - 443.

[34] Das, G. G. (2012). Intra - industry trade and development: Revisiting theory, measurement and new evidences. MPRA Paper, No. 37260. http://mpra.ub.uni-muenchen.de/37260/.

[35] De Benedictis, L., Tamberi, M. (2001). A note on the Balassa index of Revealed Comparative Advantage. Working Paper Series, No. 158. http://dea.univpm.it/quaderni/pdf/158.pdf.

[36] Deardoff, A. V. (1979). Weak links in the chain of comparative advantage. Journal of International Economics, 9 (79): 197 - 209.

[37] Deardoff, A. V. (1980). The general validity of the law of comparative advantage. Journal of Political Economy, 88 (51): 941 - 957.

[38] Deardoff, A. V. (1994). Exploring the limits of comparative advantage. Weltwirtschaftliches Archiv, 130: 1 - 19.

[39] Deardoff, A. V. (2005). How robust is comparative advantage? Review of International Economics, 13 (5): 1004 - 1016.

[40] Disdier, A., Head, K. (2004). The puzzling persistence of the distance effect on bilateral trade. Review of Economics and Statistics, 90 (1): 37 - 48.

[41] Dixit, A., Stiglitz, J. E. (1977). Monopolistic competition and optimum product diversity. American Economic Review, 67: 297 - 308.

[42] Drysdale, P. (1967). Japanese - Australian trade. Ph. D. Dissertation. Australian National University, Canberra.

[43] Drysdale, P. (1969). Japan, Australia, New Zealand: The prospect for western pacific economic integration. The Economic Record, 45 (3): 321 - 342.

[44] Drysdale, P., Garnaut, R. (1982). Trade intensities and the analysis of bilateral trade flows in a many - country world: A survey. Hitotsubashi Journal of Economics, 22 (2): 62 - 84.

[45] Dupont, A. (2004). The political and strategic implications of a free trade agreement with China. Paper prepared for the Australia - China Free Trade Agreement Conference. The Australian APEC Study Centre, Sydney, 12 August.

[46] Fagerberg, J., Sollie, G. (1987). The method of constant market shares analysis reconsidered. Applied Economics, 19 (12): 1571 - 1583.

[47] Finger, J. M., Kreinin, M. E. (1979). A measure of "export similarity" and its possible uses. Economic Journal, 89 (356): 905–912.

[48] Finger, J. M. (1975). Trade overlap and intra-industry trade. Economic Inquiry, 13 (4): 581–589.

[49] Fiorentino, R. V., Verdeja, L., and Toqueboeuf, C. (2006). The changing landscape of regional trade agreements: Staff of the WTO secretariat. http://www.wto.org/english/res_e/booksp_e/discussion_papers12a_e.pdf.

[50] Fogarasi, J. (2008). Hungarian and Romanian Agri-Food trade in the European Union. Management, 3: 3–13.

[51] Fontagné, L., Freudenberg, M. (1997). Intra-industry trade: Methodological issues reconsidered. CEPII Working Paper, No. 1.

[52] Fontagné, L., Freudenberg, M. and Gaulier, G. (2005). Disentangling horizontal and vertical intra-industry trade. CEPII Working Paper, No. 10.

[53] Foroutan, F. (1998). Does membership in a regional preferential trade arrangement make a country more or less protectionist? The World Economy, 21: 305–335.

[54] Frankel, J. A., Wei, S. J. (1996). ASEAN in regional perspective. Centre for International and Development Economics Working Paper, No. C96-074, University of California at Berkley.

[55] Freund, C., Ornelas, E. (2010). Regional trade agreements. World Bank Policy Research Working Papers 5314, World Bank, Washington, DC.

[56] Freund, C. (2000). Multilateralism and the endogenous formation of preferential trade agreements. Journal of International Economics, 52 (2): 359–376.

[57] Fugazza, M., Nicoud, R. (2011). The "Emulator effect" of the Uruguay round on US regionalism. CEPR Discussion Paper, No. DP7703.

[58] Fulponi, L., Shearer, M., and Almeida, J. (2011). Regional trade agreements - treatment of agriculture. OECD food, Agriculture and Fisheries Working Papers, No. 44.

[59] Gallagher, P. (2004). Agriculture in an Australia-China FTA. Australian APEC Study Center Working Paper. http://www.petergallagher.com.au/docs/china04Gallagher.pdf.

[60] Gleiser, H., Goossens, K., and Eede, M. V. (1982). Inter-industry versus intra-industry specialization in exports and imports (1959-1970-1973). Journal of International Economics, 12: 363-369.

[61] Gorton, M. and Davidoval, S. (2001). The international competitiveness of CEEC agriculture. Paper presented to the British Association of Slavonic and East European Studies Conference, Cambridge, 7th-9th April. http://www.staff.ncl.ac.uk/matthew.gorton/basees2001.pdf.

[62] Gray, P. H. (1979). Intra-industry trade: The effects of different levels of data aggregation. In: Giersch, H. (Ed.), On the economics of intra-industry trade, 87-110.

[63] Greenaway, D., Milner, C. (1981). Trade imbalance effects in the measurement of intra-industry trade. Weltwirtschaftliches Archiv, 117 (4): 756-762.

[64] Greenaway, D., Milner, C. (1983). On the measurement of intra-industry trade. The Economic Journal, 93 (372): 900-908.

[65] Greenaway, D., Torstensson, J. (1997). Back to the future: Taking stock on intra-industry trade. Weltwirtschaftliches Archiv, 133 (2): 249-269.

[66] Grossman, G. M., Helpman, E. (1994). Protection for sale. American Economic Review, 84 (4): 833-850.

[67] Grossman, G. M., Helpman, E. (1995). The politics of free-trade agreements. American Economic Review, 85 (4): 667-690.

[68] Grubel, H., Lloyd, P. J. (1971). The empirical measurement of intra-industry trade. Economic Record, 47 (4): 494-517.

[69] Grubel, H., Lloyd, P. J. (1975). Intra-industry trade: The theory and measurement of international trade in differentiated products. Journal of International Economics, 85 (339): 312-314.

[70] Grubel, H., Lloyd, P. J. (1975). Intra-industry trade: The theory and measurement of international trade in differentiated products. London: Macmillan.

[71] Helpman, E., Melitz, M., Rubinstein, Y. (2008). Estimating trade flows: Trading partners and trading volumes. Quarterly Journal of Economics, 123 (2): 441-487.

[72] Hertel, T., Hummels, D., Ivanic, M. and Keeney, R. (2004). How confident can we be in CGE – based assessments of free trade agreements? GTAP Working Paper, No. 26. http://docs.lib.purdue.edu/cgi/viewcontent.cg?article = 1026&context = gtapwp.

[73] Heydon, K., Woolcock, S. (2009). The rise of bilateralism: Comparing American, European and Asian approaches to preferential trade agreements. United Nations University Press.

[74] Hill, H. (1985). Australia – Philippine trade relations. Philippine Journal of Development, 2: 253 – 273.

[75] Hinloopen, J., Marrewijk, C. V. (2001). On the empirical distribution of the Balassa index. Review of World Economics, 137 (1): 1 – 35.

[76] Hoen, A. R. and Oosterhaven, J. (2006). On the measurement of comparative advantage. The Annals of Regional Science, 40 (3): 677 – 691.

[77] Iapadre, L. (2004). Regional integration agreements and geography of world trade: Measurement problems and empirical evidence. UNU – CRIS e – working papers. http://www.cris.unu.edu/fileadmin/workingpapers/IapadreWorkingPaper2004.pdf.

[78] Iapadre, P. L. (2001). Measuring international specialization. International Advances in Economic Research, 7 (2): 173 – 183.

[79] Ichikawa, H. (1997). Constant – market share analysis and open regionalism. In: Omura, K. (Ed.). The view of economic and technology cooperation in APEC. APEC STUDY CENTER, Institute of Developing Economies.

[80] Ippei, Y. (1970). Intensity analysis of world trade flow. Hitotsubashi Journal of Economics, 10 (2): 61 – 90.

[81] Jales, M., Jank, M. S., Yao, S., and Carter, C. (2006). Agriculture in Brazil and China: Challenges and opportunities. Inter – American Development Bank, Working Papers, No. 10.

[82] Jimenez, N., Martin, E. (2010). A constant market share analysis of the Euro area in the period 1994 – 2007. Economic Bulletin, 1: 3 – 15.

[83] Jepma, C. J. (1986). Extensions and application possibilities of the constant market analysis: The case of the developing countries exports. Groningen: Uni-

[84] Kemp, M. C., Wan, H. J. (1976). An elementary proposition concerning the formation of customs unions. Journal of International Economics, 6 (1): 95 – 97.

[85] Kim, M., Cho, G. D. and Koo, W. W. (2003). Determining bilateral trade patterns using a dynamic gravity equation. Agribusiness & Applied Economics Report, No. 525.

[86] Kim, S. J. (2013). Trade complementarity between South Korea and her major trading countries: Its changes over the period of 2005 – 2009. World Review of Business Research, 3 (2): 64 – 83.

[87] Kojima, K. (1964). The pattern of international trade among advanced countries. Hitotsubashi Journal of Economics, 5: 16 – 36.

[88] Kol, J., Mennes, L. B. M. (1986). Intra – industry specialization: Some observations on concepts and measurement. Journal of International Economics, 21 (1 – 2): 173 – 181.

[89] Krishna, P. (1998). Regionalism and multilateralism: A political economy approach. The Quarterly Journal of Economics, 113 (1): 227 – 251.

[90] Krugman, P. (1991). Increasing return and economic geography. Journal of Political Economy, 99 (3): 483 – 499.

[91] Kunimoto, K. (1975). The contingency – table analysis of international trade flows: An approach to methodology. Ph. D. Dissertation, Yale University: New Haven.

[92] Kunimoto, K. (1977). Typology of trade intensity indices. Hitotsubashi Journal of Economics, February, 17 (2): 15 – 32.

[93] Lafay, G. (1992). The measurement of revealed comparative advantages. International Studies in Economic Modelling, 209 – 234.

[94] Leamer, E. E., Levinsohn, J. (1995). International trade theory: The evidence. In: Grossman, G. M., Rogo, K. (Ed.), Handbook of international economics, chapter 26: 1339 – 1394.

[95] Leamer, E. E., Stern, R. M. (1970). Quantitative international economics. Chicago: Aldine Publishing Company.

[96] Lee, H. S., IM, H. J. and Lee, I. K. (2005). Economic effects of a Korea – China FTA and policy implications. Korea Institute for International Economic Policy. http: //211. 173. 74. 134/pub/docu/en/AE/FG/AEFG2005AAC/AEFG – 2005 – AAC. PDF.

[97] Lee, J. W., Shin, K. (2005). Does regionalism lead to more global trade integration in east asia? North American Journal of Economics & Finance, 17 (3): 283 – 301.

[98] Liesner, H. H. (1958). The European common market and British industry. The Economic Journal, 68: 302 – 316.

[99] Limão, N. (2007). Are preferential trade agreements with non – trade objectives a stumbling block for multilateral liberalization? Review of Economic Studies, 74 (3): 821 – 855.

[100] Linden, J. A. V., Oosterhaven, J. (2001). Specialisation and concentration in the European union, 1965 – 1985. In: Bröcker, J., Herrmann, H. (Ed.). Spatial change and interregional flows in the integrating Europe, 181 – 200, Physica – Verlag HD.

[101] Linder, B. (1961). An essay on trade and transformation. New York: John Wiley.

[102] Linnemann, H. (1966). An econometric study of international trade flows. Amsterdam: North Holland Publishing Company.

[103] Lipsey, R. E. (1976). Review of Herbert G. Grubel and P. J. Lloyd, Intra – industry trade: The theory and measurement of international trade in differentiated products. Journal of International Economics, 6 (3): 312 – 314.

[104] Magee, C. S. P. (2008). New measures of trade creation and trade diversion. Journal of International Economics, 75 (2): 349 – 362.

[105] Mai, Y. H., Adams, P., Fan, M. T. and Zheng, Z. Y. (2005). Modelling the potential benefits of an Australia – China free trade agreement, Centre of Policy Studies Working Paper, Monash University.

[106] McDonald, D., Nair, R., Rodriguez, G. and Buetre, B. L. (2005). Trade flows between Australia and China, An opportunity for free trade agreement. 49th Annual Conference of the Australian Agricultural and Resource Economics Society,

Cooffs Harbour, New South Wales, 9, Nov.

[107] Michaely, M. (1962). Concentration in international trade. Amsterdam: North – Holland Publishing Company.

[108] Michaely, M. (1996). Trade preferential agreements in Latin America: An ex – ante assessment. The World Bank Working Paper, No. 1583.

[109] Milana, C. (1988). Constant – market – shares analysis and index number theory. European Journal of Political Economy, 4 (4): 453 – 478.

[110] Monke, E. A., Pearson, S. R. (1989). The policy ananlysis matrix for agricultural development. Cornell University Press.

[111] Nielsen, C. P. (2003). Regional and preferential trade agreements: A literature review and identification of future steps. Fødevareøkonomisk Institut Report, No. 155.

[112] Nilsson, L. (1997). The measurement of intra – industry trade between unequal partners. Weltwirtschaftliches Archiv, 133 (3): 554 – 565.

[113] Pal, P. (2003). Regional trade agreements in a multilateral trade regime: An overview. http://networkideas.org/feathm/may2004/survey_ paper_ RTA. pdf.

[114] Park, J. H. (2002). Agricultural trade between Korea, China and Japan: Disputes and countermeasures. East Asian Review, 14 (3): 49 – 66.

[115] Pomfret, R. (1981). The impact of EEC enlargement on non – member mediterranean countries' exports to the EEC. Economic Journal, 91 (363): 726 – 729.

[116] Pomfret, R. (1985). Categorical aggregation and international trade: A comment. The Economic Journal, 95 (378): 483 – 485.

[117] Qureshi, M. S., Wan, G. H. (2006). Trade potential of China and India: Threat or opportunity? Social Science Electronic Publishing, 31 (10): 1327 – 1350.

[118] Raihan, S. (2010). Welfare and poverty impacts of trade liberation: A dynamic CGE microsimulation analysis. International Journal of Microsimulation, 3 (1): 123 – 126.

[119] Rajan, R. S. (1996). Measures of intra – industry trade reconsidered

with reference to singapore's bilateral trade with Japan and the United States. Weltwirtschaftliches Archiv, 132 (2): 378 – 389.

［120］Robinson, E. A. G. (1960). Economic consequences of the size of nations. London: Macmillan.

［121］Rosen, B., Mann, D. (2011). China – Brazil, both challenges and opportunities for the cooperation. China's Foreign Trade, 23: 18 – 21.

［122］Savage, I. R., Deutsch, K. W. (1960). A statistical model of the gross analysis of transaction flows. Econometrica, 28 (3): 551 – 572.

［123］Scollay, R., Gilbert, J. (2010). China's growing participation in preferential trade agreements: Implications for china and its trading partners. In: Beladi, H., Kwan Choi, E. (Ed.), Frontiers of economics and globalization, Chapter 12, 7: 357 – 378.

［124］Sharma, R. (2008). China, India and AFTA: Evolving bilateral agricultural trade and new opportunities through free trade agreements. FAO Commodity and Trade Policy Research Working Paper, No. 24. http://www.fao.org/es/ESC/common/ecg/555/en/ESC – WP25.pdf.

［125］Si, W., Song, J. H., Malcolm, B., and Zhou, Z. Y. (2013). Implications of a trilateral FTA between China, Japan and Korea for Australian bilateral FTAs with China, Japan and Korea. Australasian Agribusiness Review, 21: 121 – 160.

［126］Siggel, E. (2006). International competitiveness and comparative advantage: A survey and a proposal for measurement. Journal of Industry Competition & Trade, 6 (2): 137 – 159.

［127］Song, G. Y., Wen, J. Y. (2012). China's free trade agreement strategies. The Washington Quarterly, 35 (4): 107 – 119.

［128］Srivastava, R. K., Green, R. T. (1986). Determinants of bilateral trade flows. The Journal of Business, 59 (4): 623 – 640.

［129］Thom, R., McDowell, M. (1999). Measuring marginal intra – industry trade. Weltwirtschaftliches Archiv, 135: 48 – 61.

［130］Tian, W. M., Zhou, Z. Y. (2005). Urban foodgrain consumption. In: Zhou, Z. Y., Tian, W. M. (Ed.), Grains in China: Food Grain, Feed Grain and world trade, Aldershot, Ashgate, 65 – 86.

[131] Tinhergen, J. (1962). Shaping the world economy – suggestions for an international economic policy. New York: Twentieth Century Fund.

[132] Tongeren, F. W. (2005). Brazil and China: The real winners of the Doha Round? Entwicklung and ländlicher Raum, 2: 12 – 14.

[133] Tyszynski, H. (1951). World trade in manufactured commodities, 1899 – 1950. Manchester School, 19 (3): 272 – 304.

[134] USDA, (2010). India and China: Divergent markets for U. S. agricultural exports. International Agricultural Trade Report, USDA.

[135] Vaillant, M., Ons, A. (2002). Preferential trading arrangements between the European Union and South America: The political economy of free trade zones in practice. The World Economy, 25 (10): 1433 – 1468.

[136] Vaillant, M., Ons, A. (2004). Winners and losers in a free trade area between the United States and Mercosur. Documentos De Trabajo. https: //core. ac. uk/download/pdf/6964083. pdf.

[137] Verdoorn, P. J. (1960). The intra – block trade of Benelux. In: Robinson. E. A. G. (Ed.), Economic consequences of the size of nations, London: Macmillan Press.

[138] Vernon, R. (1966). Inernational investment and international trade in the product cycle. Quarterly Journal of Economics, 80: 190 – 207.

[139] Viner, J. (1950). The Customs Union Issue. New York: Carnegie Endowment for International Peace.

[140] Vollrath, T. L. (1991). A theoretical evaluation of alternative trade intensity measures of revealed comparative advantage. Weltwirtschaftliches Archiv, 127 (2): 265 – 280.

[141] Vollrath, T. L., Johnston, P. V. (2001). The changing structure of agricultural trade in North America: Pre – and Post – CUSTA/NAFTA: What does it mean? Economic Research Service, USDA. http: //www. ers. usda. gov/Briefing/NAFTA/PDFFiles/Vollrath2001AAEAPoster. pdf.

[142] Vona, S. (1991). On the measurement of intra – industry trade: Some further thoughts. Weltwirtschaftliches Archiv, 127 (4): 678 – 700.

[143] Warner, D., Kreinin, M. E. (1983). Determinants of international trade flows. The Review of Economics and Statistics, 65 (1): 96-104.

[144] Webster, A. (1990). Comparative advantage: Assessing appropriate measurement techniques. Bulletin of Economic Research, 42 (4): 299-310.

[145] Weldemicael, E. O. (2010). Bilateral trade intensity analysis. Working Paper. The University of Melbourne, Australia. http://www.unimelb.edu.au/.

[146] Whalley, J. (1998). Why do countries seek regional trade agreements? In: Frankel J. A. (Ed.), The Regionalization of the World Economy, 63-90, University of Chicago Press.

[147] Whalley, J. (2013). Regional agreements: A stocktaking based on WTO notifications. CATPRN Commissioned Paper. http://www.uoguelph.ca/catprn/PDF-CP/CP-2013-05-whalley.pdf.

[148] Wonnacott, R. J. (1996). Free-trade agreements: For better or worse? American Economic Review, 86 (2): 62-66.

[149] Yamazawa, I. (1970). Intensity analysis of world trade flow. Hitotsubashi Journal of Economics, 10 (2): 61-90.

[150] Yeats, A. J. (1985). On the appropriate interpretation of the revealed comparative advantage index: Implications of a methodology based on industry sector analysis. Weltwirtschaftliches Archiv, 121 (1): 61-73.

[151] Yeats, A. J. (1997). Can trade similarity indices be used for the design of regional trade arrangements. Washington: World Bank, Mimeo.

[152] Yeats, A. J. 1998 (a). Does Mercosur's trade performance raise concerns about the effects of regional trade arrangements? The World Bank Economic Review, 12 (1): 1-28.

[153] Yeats, A. J. (1998b). What can be expected from African regional trade arrangements? Some empirical evidence. Policy Research Working Paper.

[154] Zhang, Y. L. (1997). The transformation in the political economy of China's economic relations with Japan in the era of reform. EABER, Trade Working Paper, No. 437.

[155] 范婕. 中国与巴西农产品贸易潜力分析. 技术经济, 2010 (5): 104-109.

[156] 耿晔强. 巴西农产品出口我国市场的影响因素分析. 国际贸易问题, 2008 (11): 50-57.

[157] 耿晔强. 巴西农产品在中国市场竞争力分析. 中国农村经济, 2009 (1): 31-38.

[158] 韩一军, 孙亚清. 中澳农产品贸易现状、潜力与对策研究. http://www.rcre.cn.

[159] 胡铁华, 肖海峰. 中国—东盟农产品贸易特征分析. 中国农业经济评论, 2006 (2): 208-216.

[160] 黄春全, 司伟, 孙伟. 中国与巴西农产品贸易的动态及前景分析. 农业展望, 2013 (8): 59-66.

[161] 黄春全, 司伟. 中国与印度农产品贸易的动态与前景分析. 国际经贸探索, 2012 (7): 15-26.

[162] 黄季焜等. 制度变迁和可持续发展 30 年中国农业与农村. 上海: 格致出版社, 2008: 148-149.

[163] 靖飞. 中国和巴西农产品贸易: 动态和展望. 南京农业大学学报 (社会科学版), 2009 (1): 38-46.

[164] 刘昌黎. 世界双边自由贸易发展的原因特点与我国的对策. 世界经济研究, 2005 (4): 4-10.

[165] 刘李峰, 刘合光. 中国—澳大利亚农产品贸易现状及前景分析. 世界经济研究, 2006 (5): 45-50.

[166] 刘李峰, 武拉平. 中国与南美国家农产品贸易关系的实证研究——以巴西、阿根廷、智利为例. 农业技术经济, 2007 (2): 37-42.

[167] 刘学忠. 中国、巴西畜产品国际竞争力比较及启示. 世界农业, 2008 (8): 10-12.

[168] 刘映花. 日经新闻社长点评中日贸易: 农产品问题最敏感. http://news.sina.com.cn/w/2003-12-15/11051345396s.shtml.

[169] 吕玲丽. 中国与东盟农产品比较优势分析. 中国农村经济, 2004 (9): 20-25.

[170] 丘东晓. 自由贸易协定理论与实证研究综述. 经济研究, 2011 (9): 147-157.

[171] 帅传敏, 程国强, 张金隆. 中国农产品国际竞争力的估计. 管理世

界，2003（1）：97 – 103.

[172] 司伟，黄春全，王济民. 中日韩农产品贸易影响因素及分解. 农业经济问题，2012（11）：16 – 21.

[173] 司伟，张猛. 中国大豆进口市场：竞争结构与市场力量. 中国农村经济，2013（8）：29 – 39.

[174] 司伟，周章跃. 中国和澳大利亚农产品贸易：动态和展望. 中国农村经济，2007（11）：4 – 14.

[175] 司伟. FTA背景下中国与潜在自由贸易伙伴国家间的农产品贸易关系. 中国农科院博士后出站报告，2012.

[176] 孙东升. 中国和印度农产品贸易的现状与前景分析. 农业展望，2007（7）：28 – 32.

[177] 孙林，赵慧娥. 中国对东亚农产品出口增长的影响因素比较及中国区域合作模式选择. 国际贸易问题，2009（8）：61 – 65.

[178] 孙笑丹. 国际农产品贸易的动态结构增长研究. 北京：经济科学出版社，2005.

[179] 孙致陆，李先德. 经济全球化背景下中国与印度农产品贸易发展研究——基于贸易互补性、竞争性和增长潜力的实证分析. 国际贸易问题，2013（12）：68 – 78.

[180] 谭晶荣. 中印两国农畜产品贸易的比较研究. 国际贸易问题，2004（11）：39 – 42.

[181] 田维明. 中日韩农产品贸易现状和前景展望. 农业经济问题，2007（5）：4 – 11.

[182] 汪琦. 我国对美日欧出口增长因素和产业竞争力——基于固定市场份额模型的分析. 世界经济研究，2005（12）：26 – 31.

[183] 王晶. 我国农产品产业内贸易研究. 北京：中国农业出版社，2010.

[184] 吴建伟. 国际间产业竞争与市场容量. 上海：上海人民出版社，1999.

[185] 吴凌燕，刘小和，李众敏. 东北亚农产品贸易竞争性与互补性分析. 农业技术经济，2006（2）：21 – 25.

[186] 文富德. 印度经济：发展、改革与前景. 四川：巴蜀书社，2003.

[187] 杨军，黄季焜，仇焕广. 建立中国和澳大利亚自由贸易区的经济影响

分析及政策建议. 国际贸易问题, 2005 (11): 65-70.

[188] 于津平. 中国与东亚主要国家和地区间的比较优势与贸易互补性. 世界经济, 2003 (5): 33-40.

[189] 张磊, 蔡会明, 邵浩编译. 贸易政策分析实用指南. 北京: 对外经济贸易大学出版社, 2013.

[190] 朱晶, 陈晓艳. 中印农产品贸易互补性及贸易潜力分析. 国际贸易问题, 2006 (1): 40-46.

后 记

2006年，刚取得博士学位不久，经田维明教授推荐，我到澳大利亚詹姆斯·库克大学做访问学者，与周章跃老师一起从事中国与澳大利亚农产品贸易关系的研究。彼时，中国与澳大利亚两国相关部门就中澳建立FTA可行性的产学研联合研究刚刚起步，澳大利亚还是中国潜在的FTA伙伴国家。如今，两国经过马拉松式的谈判，已经签署了FTAs。中日韩三国的FTA磋商曾喧嚣一时，至今依然如镜花水月。不知不觉地，南美洲的巴西已经成了中国主要贸易农产品的进口来源国，大豆和食糖源源不断地输入中国市场。而我们的邻居印度，似乎更愿意与南亚和西亚的国家磋商FTA，而对东边的FTA磋商相当谨慎。反观中国，俨然已成为全球化的捍卫者。

从2006年至今，10年间，WTO框架下的多边贸易谈判依然毫无进展，但区域贸易主义下的FTAs却越走越远，跨区域贸易集团方兴未艾，WTO与世界贸易磋商的关联度似乎越来越小了。此时，美国提出要退出TPP，全球化遭到了质疑。回头看这10年间，中国发生了太大的变化，从一个当年的新兴经济体走到了世界舞台的中央。而农产品竞争力与农业结构调整的讨论又浮出了水面，如果没记错的话，竞争力与结构调整问题是中国加入WTO前后国内农业经济学界研究的热点。现在看来，2001年前后学术界讨论WTO的"狼"来了，有点纸上谈兵的意味，而随着中国经济成长及融入世界的程度加深，全球化这只"狼"真的来了时，反倒有点措手不及了，中国似乎比任何时候都迫切需要适宜的农产品贸易政策以引导农业部门的供给侧改革。

本书所展示的研究源于我主持的国家社科基金青年项目。多年过去了，本以为书中的研究内容已经过时，更无意出版著作去稀释学术专著应有的声誉。这是因为，本书对中国与潜在FTA伙伴间的农产品贸易关系充其量只是做了描述性分析，农产品贸易关系极其复杂，需形成公理化路线，深入探究贸易模式背后深层次的原因，方能得出有启示性的一般化结论，因而，从严格意义上说，本书所展示的内容可能称不上"研究"。然而，国家社科基金立项以本书设计的研究内容为依据，项目完成后，尽管部分成果以论文的形式陆续发表，但是研究报告却束之高阁，加之资助的5万元经费早已告罄，尽管确实有许多研究过程中所发现或重新认识到的问题需深入研究，也只能搁浅了。

研究成果以专著的形式公开集中发表本来是一件值得骄傲的事，但近年来，学术专著出版犹如过江之鲫，了无生趣。而且，本书大部分章节在学术期刊发表过，严格来说本书是一本论文集，更觉得没有出版的必要了。应该说，撰写学术专著不比发表一篇学术论文的成本更小，而专著带来的收益就明显没有发表论文那么显著了。还有，农产品贸易研究只是我的副业，我多年从事的研究是糖业经济与大豆经济。出版的事就此搁置了。

然而，这么多年后，很多文献依然不假思索地运用巴拉萨的RCA指数及以RCA为基础的各种改进指数，而讨论这些指数缺陷或使用陷阱的英文文献可谓汗牛充栋，因而，本书的出版试图唤起学者们对这些指数使用边界的关注。更重要的是，中国农产品生产成本持续增加，农产品的比较优势正在发生明显的变化，而中国在全球化中的角色也由跟随者变为了捍卫者，本书的研究发现有助于从FTA的视角理解中国农产品比较优势动态及全球化的定位。特别是大北农基金会慷慨解囊，资助了3万元的出版经费，因而，束之高阁的研究报告又拿出来了，希望读者对书中的腐朽之味采取批判的态度。

全球化大势下，中国已经与很多国家签订了FTAs或正在开展FTA磋商，为什么只研究了澳大利亚、巴西、印度、日本与韩国这几个国家？选择的标准是什么？项目评审人曾问过这个问题。坦率地说，设计研究方案伊始，没有认真思考这个问题。那时的脑海中只有一个较模糊的想法：随着中国农业向国际市场的开放度提高，农产品的比较优势必然会变化，那些土地资源禀赋高（澳大利亚和巴西）的国家很可能成为中国农产品的进口来源国，而中国与日本、韩国之间的农产品贸易模式也不是一成不变的。印度与中国同为金砖国家，农业资源禀赋类似，印度经济成长及农业部门发展对中国具有竞争效应。基于此，我选择了上述几个国家作为研究对象。

研究过程中，我的研究生黄春全、张猛、孙伟、杨旭在数据处理和文献整理方面做了不少工作。尤其是黄春全博士，其博士学位论文的研究方向是糖业经

后　记

济,竟然也和我一起搞起了副业。文稿的出版得益于这些研究生的帮助。周章跃老师是我做国别农产品贸易研究的引路人。多年来,他经常询问我在FTA方面的研究进展,并分享作为一个国际学者对这些问题的观点,而且他还时常从澳大利亚带回FTA方面的文献供我阅读,我们还共同发表了FTA与农产品贸易方面的研究论文,这些都鞭策我蹒跚前行。文稿结集出版也算是对周章跃老师给予我多年关怀与帮助的微薄谢意。

文稿修补,时作时辍,小儿司泽元时常凑过来趴在电脑上研究一番后抬头问:"爸爸,你说的书怎么还没写好啊,啥时候可以陪我玩?这是你的第二本书是吗?你写的这些有人看吗?"我也时常思索这些问题。然业已出版,得失工拙,不计也,老子曾说"为而不有",不是吗?

司　伟

农历丁酉年正月